作家が選ぶ名著名作

わたしのベスト3

毎日新聞出版 編　和田 誠 画

毎日新聞出版

わたしのベスト3　作家が選ぶ名著名作

目次

I 物語に遊ぶ

II　わたしを作った本

III　作家VS作家

Ⅳ テーマで読む

カバー・本文イラストレーション　和田誠
装丁　南伸坊
本文組版　戸塚泰雄

文中の「＊1」は2020年1月現在品切、「＊2」は電子書籍で入手可能なもの。
それぞれの文章の末尾には、毎日新聞掲載時の日付を記載した。

I　物語に遊ぶ

江國香織・選

クレイグ・ライス

①**幸運な死体**（小泉喜美子訳／ハヤカワ文庫）＊1
②**居合わせた女**（恩地三保子訳／ハヤカワ・ミステリ）＊1
③**スイート・ホーム殺人事件**（長谷川修二訳／ハヤカワ文庫）
※③は新訳版あり

ジェーク・ジャスタス、ヘレン・ジャスタス、ジョン・ジョゼフ・マローン。この三人くらい優雅で愉快な人々を、私は他に知らない。クレイグ・ライスの三冊をあげるなら、まず、この三人の活躍するシリーズから、『幸運な死体』を。

私はこのシリーズから、ほんとうにたくさんのことを学んだ。人生で大切なのは友達とライ・ウイスキーである、ということや、やりすごすべきことと受け入れるべきこと、勇気は必要に応じて発揮し、ウィットはつねに発揮すべきだということ。

シカゴの街を舞台に、三人がまきこまれ、くぐりぬけ、やがて鮮やかな思い出の一つに収める数々の事件の顚末《てんまつ》は、きわめて印象深いサブ主人公の性格と共に、読む者にとって一冊ずつが「特別な場所」になる。

ライスの小説には、いつも質のいい人間がでてくる。そして、その人の人生はその人に似ている。

二冊目は『居合わせた女』。夜の遊園地、というものの哀しい陽気さと不穏な気配、日常性と非日常性、ふいにのぞく暗さと静けさを、見事に閉じ込めたミステリだ。文章は繊細かつ大胆。ひっそりした一冊

ながら、秀作。

三冊目はむずかしいところだけれど、『スイート・ホーム殺人事件』を。「あたし、元気になろうと思えば、すぐ元気になれるの」というセリフを吐く十二歳の金髪少女エープリルは、未来のヘレン・ジャスタスといえよう。ライスは魅力的な女性を書くのが天才的に上手い。

「私は人間のひとりひとりが、意志通りに、大きな仕草で自分の人生を描くのだと思うわ。鮮やかな、決定的な方法で」と言ったのはフランソワーズ・サガンだが、ライスの小説に、これ以上ぴったりの形容はない。

読むたびに、優雅、ということのたくましさを思う。

（2001年6月24日）

若島正・選

エルモア・レナード

①**野獣の街**（高見浩訳／創元推理文庫）＊1

②**グリッツ**（高見浩訳／文春文庫）＊1

③**ゲット・ショーティ**（高見浩訳／角川文庫）＊1

娯楽小説の新刊を読むなら、イギリスではロバート・ゴダード、アメリカではエルモア・レナードと決めている。なにしろこの二人の作品は、どれもめったに当たり外れがないからだ。しかし、両者が共通しているのはそこまでで、他の点ではみごとなほどに対照的である。

まず英語。お手本のように端正なゴダードに対して、レナードの文章（とりわけ会話）は独特である。一説によれば、レナードはどこの地域に住む何系人かで使う言葉を書き分けられるというが、それもなるほどと思えるくらい多彩だ。

そして時間感覚。ゴダードなら、物語は必ずといっていいほど過去へ、歴史へと遡る。それに対して、レナードの物語はつねに現在しかない。彼が描くのは、今この瞬間を生きている人間の物語なのである。これはいかにもイギリスとアメリカの対比を象徴しているようだ。

レナードを初めて読む人におすすめは、数多い彼の作品中で最もストレートな部類に属する『野獣の街』である。基本プロットは、殺人鬼と刑事の一騎打ち。それだけの単純な話が、職人レナードの腕にかかるとサスペンスに富んだ物語に変貌する。これは無法者と保安官の対決を想わせる、レナード流ウ

エスタンの警察小説版とも呼べるだろう。
『野獣の街』で肩慣らしをした後は、いよいよレナード独特の犯罪小説を確立した『グリッツ』へと読み進もう。レナードの小説は場所の小説であり、これを読むともうマイアミはネオンの街というイメージが焼き付いて離れなくなる。
そして仕上げは、マイアミに次いで虚飾の都ハリウッドを舞台にした『ゲット・ショーティ』だ。ここで読者は、レナードが描いた悪党たちの中でも最も魅力的な、高利貸しで映画狂のチリ・パーマーに出会うことになる。この男が「いいやつ」に見えてきたら、もうあなたは立派なレナードの愛読者だ。

（2001年8月26日）

佐藤多佳子・選

レジナルド・ヒル

①**骨と沈黙**（秋津知子訳／ハヤカワ文庫）＊1
②**闇の淵**（嵯峨静江訳／ハヤカワ・ミステリ）
③**完璧な絵画**（秋津知子訳／ハヤカワ・ミステリ）

レジナルド・ヒルといえば、それは、もうダルジール警視シリーズだろう！　小説の枠を越えて人生の一部になってしまったとヒル自身が語る英国警察小説。国内外、ジャンルを問わず、私が一番新作を待ちわびているのが、このダルジール物である。

登場人物、ストーリー、文章が最高だ。そんな本はめったにない。しかも、プロットが込み入ったミステリで破綻《はたん》がなく、まったくマンネリ化もせず、リアル、緻密、痛快、ユーモラス。訳出されているのは十数作だが三作だけ選べというのはヒドイ注文である。

どれほどシリアスなテーマを扱っていても、ダルジール警視がごりごり動き回るだけで笑える。パスコー警部がまじめに悩みまくっていて妙におかしいことがある。これは英国的な笑いである。かの国のフィクションを伝統的に祝福している極上のスパイスが、ヒル独自の鮮やかな筆の力で匂い立つ。

では、まずは、真打ち、『骨と沈黙』を。これは最高のフィクションだ。ミステリとしての完成度、エンターテインメントとしての絢爛《けんらん》豪華さ。あのあつかましい下品なダルジール警視が中世聖史劇の神に扮しつつ、警官としての勘とプライドに賭けて一人の男を追及する。

そして、社会派シリアス路線の中から、炭鉱の町を舞台にした『闇の淵』を。パスコー警部夫妻がそれぞれにシリアスな危機に遭遇する。インテリで心優しい二枚目のパスコーが、魅力的な炭鉱の青年に打ち負かされそうになる。

異色作だがユーモアと英国小説ののどかな魅力に満ちあふれた『完璧な絵画』を。冷静沈着、実務能力は右に出る者のいない部長刑事ウィールドが、ユニークなエンスクームの村の魔法にかかったように、新たな人格に目覚めていく。

同時期の三作をあげたが、もっと初期の作品もそれぞれ面白いので、ぜひ！

（2001年11月25日）

天沢退二郎・選

J・R・R・トールキン

①**ホビットの冒険　上・下**（瀬田貞二訳／岩波少年文庫）

②**指輪物語　全7巻**（瀬田貞二、田中明子訳／評論社）

③**農夫ジャイルズの冒険　トールキン小品集**（吉田新一、猪熊葉子、早乙女忠訳／評論社）＊1

Ｊ・Ｒ・Ｒ・トールキン（一八九二〜一九七三年）は、古英語や古代・中世文学を専門とした学者。一九二五年には『ガウェイン卿と緑の騎士』（作者不詳の傑作）の校訂本を刊行、のちオックスフォード大学の教授になるが、その学問的業績よりも何よりも、いま映画化されてブームを巻き起している長篇三部作『指輪物語』（一九五四〜五五年）によって広く知られるにいたっている。

その三部作に先立ち、一九三七年に刊行された『ホビットの冒険』は、著者が四人の子らに語りきかせた、子供向けのお話であるが、『指輪物語』のプロローグとして、二重三重の重要性を備えている。

これは広い意味でいわゆる異世界ファンタジーで、地理的にはユーラシア大陸西部を思わせる地勢を舞台に、人間族と、先住者（らしい）妖精族・小人族が共生しつつ織りなす事件や冒険が語られる。「エルフ」「ゴブリン」「ドワーフ」など、ヨーロッパ伝承になじみの種族にまじって、「ホビット」という架空の穴居小人族のひとりビルボ・バギンズが、魔法使いガンダルフや他の小人族の仲間に加わって、恐ろしい竜から、かつて小人族が奪われた宝物を取り返しに行く、その途次——偶々《たまたま》、それを指にはめると姿の消える魔法の指輪を入手する。その際の、ビルボと怪物ゴクリとの生命がけの謎々ゲームのか

け引きは息づまるばかりのサスペンスで、いずれ物語がこの指輪をめぐる大戦争を語ることになることを十二分に予告している。

そしていよいよ『指輪物語』だが、これはあくまでこの「指輪」そのものを永久廃棄することをめざすのであって、「悪の枢軸」たる勢力を軍事的にせん滅するのが目的ではないことに注意すべき。

もう一点『小品集』には、『指輪物語』の外伝的中篇や、重要な短篇「ニグルの木の葉」など四篇が収められている。

（2002年6月16日）

三木卓・選

C・S・ルイス

①ライオンと魔女（瀬田貞二訳／岩波少年文庫）
②カスピアン王子のつのぶえ（瀬田貞二訳／岩波少年文庫）
③愛とアレゴリー（玉泉八州男訳／筑摩書房）＊1

第二次世界大戦のさなか、ピーター、スーザン、エドマンド、ルーシィという兄弟姉妹のこどもが、ロンドンから田舎に疎開しました。古いお屋敷で、やがて四人は衣装だんすが別世界に通じていることを知り、冒険に出掛けます……。

という導入をもつ『ナルニア国ものがたり』（一九五〇～五六年）は、ナルニア国の生成から崩壊に至る、長大な時空を背景にした壮大な連作幻想物語。イギリスはもちろん、日本でもファンタジーを愛する人々を大いに楽しませています。

ナルニア国をいろいろな苦難が襲いますが、本来はけものが口を利き、半人半馬のセントールやヤギと人間が融合した神フォーンや一角獣などが暮らす生き生きした世界です。

第一話『ライオンと魔女』は、魔女の支配を受けているナルニア国で、四人が偉大なライオンのアスランと一緒に魔女と戦って勝ち、四人は王座につきます。

第二話『カスピアン王子のつのぶえ』は、イギリスでは一年しか過ぎていないのに、ナルニアでは数百年が流れていて、現王子の危機で呼び出された四人は、無残な昔の城館の廃墟を見ます……。

七つの物語は、ナルニアの時間軸には沿わず、立ち会う人間の子も代わります。血わき肉おどる物語は、みごとな工夫と知恵で織られていて、つねに新鮮。

七冊のうち、発表順で最初の二冊を。きっと七冊まで読んでしまいますよ。

C・S・ルイスは、一八九八年アイルランド生れの、中世・ルネッサンス英文学の学者です。専門の仕事としての『愛とアレゴリー』は、愛という中身と寓意詩という形式をポイントにして、西欧中世文学の発展過程を、イギリスの視点からとらえたもの。ルイスの透視力の豊かさが心をうちます。そしてクリスチャンであるルイスが、ナルニア国をライオンのアスランを創造主とした世界として、かく描いたわけも納得できます。

（2002年9月1日）

小川洋子・選

F・H・バーネット

①**秘密の花園**（龍口直太郎訳／新潮文庫）
②**小公子**（若松賤子訳／岩波文庫）
③**小公女**（伊藤整訳／新潮文庫）＊1
※①②は新訳版あり

数十年ほど昔、私が少女だった頃、「小公子」と「小公女」のどちらが好きかについて、女の子たちはしばしば議論したものだった。議論の分かれ目はつまり、美しさ、上品さ、無邪気さを備えた上に、莫大な財産を相続するセドリックに憧れるか、あるいはミンチン先生の酷《むご》い仕打ちにけなげに耐え抜き、最後には大金持ちのインドの紳士に引き取られるセーラに憧れるか、という点にあった。

私の記憶では、セーラの方が優勢だったように思う。やはり女の子の多くは、悲運の主人公に心を奪われる。悲運の度合いでいけば、断然セーラに軍配が上がる。

しかし単なる可哀相《かわいそう》なお話で終わってしまってはいけない。ここが大事なポイントで、後に訪れる桁《けた》違いの幸運に裏打ちされた不幸でなければならないのだ。

私はセーラよりセドリック派だった。二人はともに完璧な人格の持ち主なのだが、セーラの完璧ぶりは時に鼻につく。けれどセドリックの立派さは許せる。理由は彼が少年だから。セーラのように振る舞える少女がこの世にいないことは断言できるが、もしかしたらセドリックのような少年は、どこか遠い世界の果てに、一人くらいいるかもしれないと、少女の私は幻想を抱いていたのである。

一方「秘密の花園」は登場人物ではなく、物語の場所に感情移入して読めるところが、前の二作と趣を異にしている。百も部屋がある館、ヒースの花に覆われる荒野、暖炉と天蓋付きベッドのある子供部屋、煉瓦《れんが》の壁に囲まれた庭園……。そうした情景をノートに描いているうち、どんどん空想が広がって、元々の「秘密の花園」とは違うお話をいくつも頭の中で作り上げていた。

今でも小説を書く時、舞台となる町の地図を作り、家の間取りを描くところからはじめるのは、「秘密の花園」の読書体験が影響しているのだと思う。

（2003年7月20日）

落合恵子・選

ささめやゆき

①マルスさんとマダムマルス（原生林）＊1
②ガドルフの百合（宮沢賢治作、ささめやゆき画／偕成社）
③幻燈サーカス（中澤晶子文、ささめやゆき画／BL出版）

折に触れて読み返したくなる本が誰にでも幾冊かあるだろう。わたしにもむろん。その中の一冊に、ささめやゆきさんの『マルスさんとマダムマルス』がある。ノルマンディ半島の小さな村。一軒しかないカフェの階上で、作者が暮らした「はる　なつ　あき　ふゆ」を描いた絵本である。

大家さんのマルス夫妻とちょっと気弱な飼い犬スプリンター。62歳のジャン・マルスは「昨日のつづき」のペンキ塗りにあけくれ、54歳の妻シモーヌ・マルスは今夜も、料理にたっぷりの時間をかける。先週、村では結婚式があった。小雨が降った一昨日にはお葬式が。そして昨日は、自動車修理工の家に赤ちゃん誕生……。

わきの下にいつもペーパーバックをはさんだ浮世離れしたミッシェル、「もと不良少年」の地方新聞記者、ポワリエ氏。ニトログリセリンの小壜を手放せない町長、ロシアンティーを飲みながら、今日も窓辺で絵を描いているフォーコンさん等々。「……日めくりのカレンダーをめくってもめくっても同じような一日しかやってきません。でも本当は今日は昨日ではないし、明日は今日とはちがう一日なのです」。ささめやさんはそう綴っておられる。

心にささくれを見つけた一日の終り。わたしはこの本を開き、遠い海辺の村に暮らす人々と懐かしく再会する。
宮沢賢治の作品に絵をつけた『ガドルフの百合』もいいし、中澤晶子さんと組まれた『幻燈サーカス』も心に響く。画家ささめやゆきさんを思うとき、わたしは特に彼の「黒」に惹かれる。独特のささめやブルーやささめやオレンジが、この「黒」でより深く際立って見える。「黒」をこんなに明るく使うひとを、わたしは知らない。それで、密かにわたしは彼の「黒」を、「明るい絶望」と呼んでいる。なぜかそう呼びたいのだ。

（2004年7月25日）

松浦寿輝・選

倉橋由美子

①パルタイ・紅葉狩り（講談社文芸文庫）＊1
②聖少女（新潮オンデマンドブックス）
③スミヤキストQの冒険（講談社文芸文庫）＊2

倉橋由美子は日本には珍しく徹底的に知的な作家だった。知性の第一の働きは言うまでもなく、批判である。二十五歳のとき発表された処女短篇『パルタイ』は、ある若い女性の前衛党への入党から離反までの過程を、まるで医師による病状報告のような乾いた文体で記述してゆく。その文章の不気味なまでの明晰さの背後から、毒のあるアイロニーが絶えず滲み出し、共同体を縛るイデオロギーの硬直ぶりを嘲笑する。

だが、旺盛な批判精神と相俟って、彼女のもう一つの武器は、高度な文学イメージにまで昇華されたエロスの表現であった。幾重にも重なり合った嘘が錯綜する長篇『聖少女』は、巧緻に編まれたトリッキーな物語の随所に倒錯の主題をちりばめ、血のにおいが馥《かお》り立つ女性的身体の不透明な現前を喚起する。物語の迷路をさまよう快楽をこれほどまでに味わわせてくれる小説は稀だろう。

『スミヤキストQの冒険』は、「知」と「肉」とが不思議な均衡を見せるそんな倉橋文学の、前半期の集大成である。カフカの主人公にジェームズ・ボンドを掛け合わせたような「Q」の滑稽にして悲劇的なドタバタを描いてゆくこの物語は、かつて日本に存在しなかった種類の壮大な観念小説である。黒い

笑いに満ちたこうした大仕掛けな虚構空間の構築が、二十一世紀の日本文学に生産的に受け継がれているようには思われない。
倉橋の文章はいつもとことん明澄で、曖昧な「含み」や「思わせぶり」で逃げをうつようなところがいっさいなかった。日本の作家としては例外的に、彼女は本当に頭の良い人だったのである。しかしこの知性はその一方で、品の良い詩情を許容する優雅な精神でもあった。
さる六月十日に逝去した倉橋由美子の新しい文章を、もうわたしたちは読むことができない。日本文学は大きなものを失ったと思う。心からご冥福を祈りたい。
（2005年7月3日）

馬場啓一・選

モーリス・ルブラン

①813 正・続（堀口大學訳／新潮文庫）＊1
②怪盗紳士ルパン（平岡敦訳／ハヤカワ・ミステリ文庫）
③水晶の栓（羽林泰訳／偕成社）＊1

モーリス・ルブランが初めてルパン物を発表して今年で百年になる。ちなみに夏目漱石の『吾輩は猫である』が世に出たのも百年前。ついでに書くとシャーロック・ホームズ物はもう少し早くて『緋色の研究』が発表されたのは一八八七年である。作者のコナン・ドイルはエドガー・アラン・ポーと並んで探偵小説作家の鼻祖とされ、すっかり神格化されてしまったが『怪盗ルパン』のルブランは、今ひとつの感があった。ルパンにはお手軽な、少年少女向きのイメージが先行し、それが流布してしまったためである。

ところがところが、今回改めて読み返してみて、それが浅薄な読み方であることに気づいた。ルパン物は決して子供向けのシリーズではなく、大人の鑑賞に充分たえる冒険読物なのだ。まずなによりこれは熱烈な愛国小説である。書かれた二十世紀初頭は英国とフランスの二大国がその覇を競っていた時代。そこに国家統一を成したドイツ帝国が加わり、ヨーロッパの、ということは世界の覇権が争われることになる。第一次世界大戦はその帰結であった。馬車と自動車が並んで道路を走り、遠いところで新興国アメリカの息遣いが聞こえる。そういう波乱含みの時代に現れ、「フランス万歳」の精神に貫かれた冒

険小説の主人公、それがアルセーヌ・ルパンだった。
颯爽としたルパンの姿は五十年後のジェイムズ・ボンドのダンディぶりを髣髴とさせる。いや007よりよほど本格派。ライフスタイルも、美女、美食、美酒のオン・パレードで、フランス上流の生活ぶりを今に伝えて見事である。ルパンの葉巻がヘンリー・クレイだったなんて、少年の頃には気づきもしなかった。
最後に、本稿のイラストレーションを担当している和田誠さんの映画作品に『快盗ルビイ』がある。同じ義賊ものだが「怪盗」と「快盗」。字感の違いがそのまま主人公の性格の違いになっている。

（2005年10月30日）

恩田陸・選

ロアルド・ダール

①**おばけ桃の冒険**（田村隆一訳／評論社）＊1

②**お願い**（田村隆一訳／ハヤカワ・ミステリ文庫『あなたに似た人』所収）＊1

③**カティーナ**（永井淳訳／ハヤカワ・ミステリ文庫『飛行士たちの話』所収）＊1

※①②は新訳版あり

ロアルド・ダールの名前が私にとって特別なのは、初めて「作者」という言葉の意味を認識した作家だからである。現在、映画・原作共に大ヒットしている『チョコレート工場の秘密』を小学校二年で読んだ時、あまりの面白さに初めて寝食を忘れるという体験をし、実は一人の人間の頭からこのお話が産み出されたのだ、ということを初めて認識したのだった。この本は、私の中でエンターテインメントの基本として刷り込まれているが、今回お薦めするのはやはりティム・バートンが人形アニメで映画化している①。ダールの児童文学の主人公は、昔からの児童文学の王道ともいえる、人生の初期に世の不条理に虐げられて「生き延びた子供」である。しかし、ダールの場合、まともな登場人物は主人公だけで、残りの登場人物は些《いささ》か常軌を逸している上に、実にリアルで愛すべき大人がほとんどであり、戯画化された彼らに我々の世界の縮図がくっきりと見えてくる仕組みになっている。

いっぽう、大人の本好きからは、ダールは手練《てだ》れで独特の味わいを持つ短編作家として根強い尊敬を集めている。永らく絶版だった早川書房の異色作家短編集も全巻の復刊が決まって喜ばしい。そのオープニングを飾る『キス・キス』は、ダールの短編集の中では最も粒ぞろいの一冊なので、初めて読む

貴方《あなた》はこれから始めるのがよろしいかも。しかし、今回ここに挙げるのは、私が初めて『あなたに似た人』を読んで一番印象に残った短編、②。子供の世界のルール、子供の妄想のリアルに強い共感を得た一編だ。更にもう一つ、彼の処女短編集である叙情的な色合いの濃い（すなわち最もダール色の薄い）『飛行士たちの話』から③を。戦場で身寄りのない少女を拾った男たちの話だが、クライマックスの美しくもやるせない場面に心が震えたことを今でも鮮やかに思い出せる。

（２００５年11月20日）

清水義範・選

西原理恵子

①まあじゃんほうろうき　上・下（竹書房文庫）＊1
②ぼくんち　全3巻（小学館）＊2
③上京ものがたり（小学館）＊2

西原理恵子の魅力は、永遠にガキのままでいるところにある。子供の時の純粋さを失わない、なんて美しいことを言ってはいけない。そういう嘘《うそ》っぽい麗しさの対極に彼女はいるのだ。

西原のガキっぽさとは、まず正直だということである。作品を通して感じ取れる彼女は、ヒヤリとするほど正直であっていたいたしいほどだ。そして、純真である。もちろん、子供の美点とは純真なことに決まっているではないか。それから、彼女は大人というものを徹底的に疑っている。大人の処世を目にしたら絶対に嚙《か》みつこう、と決めている。その根性のすわり具合が気持ちいいのだ。とくに女性にはとりわけ。

そういうわけで、西原のマンガには孤軍奮闘という感じがある。悲しい孤独と美しい正直がみなぎっている。世の中には、露悪的な不良ぶりっこの言説というのもあるのだが、西原をそういうものといっしょにしてはいけない。この人にはそういう下品さはない。

『まあじゃんほうろうき』は、嚙みつきぐせのある犬がバカな大人と遊んでいる物語である。相手がバカなのでこの犬は嬉しくて、叩かれても叩かれても近寄っていくのだ。そしてついにはその王国に君臨

するまでの物語だ。西原はこの中で子供のままで見事に成長するという奇跡を実現している。

『ぼくんち』を故加藤芳郎氏は手ばなしでほめた。このハードな物語の中にある正直さの美が、わかる人には伝わるのだと思えて喜ばしい。

『上京ものがたり』からは、ガキのままの西原だが、でも彼女は自分を見誤ってはいなくて、正確に見抜いている、ということがわかる。だから孤独なのだ。

私も西原のように上京した人間で、ここに描かれる、自分がゴマのように小さく感じられる悲哀には覚えがあり、だからこそこの話を愛さずにはいられない。

（2006年7月16日）

湯川豊・選

藤沢周平

①義民が駆ける（中央公論新社、中公文庫、講談社文庫）
②三屋清左衛門残日録（文春文庫）
③藤沢周平　父の周辺（遠藤展子著／文春文庫）

没後十年、藤沢周平のブームだというが、その流れのなかで、駄作というものがないこの作家の代表作は何か、と改めて考える気にはなれない。私自身は新作が出るたびにとびつくことができなくなってから、年に数度、とりわけ気に入っている作品を読み返すのが習慣になっている。この二、三年、読み返す頻度が高い作品を挙げておくことにする。

『義民が駆ける』は、日本ではまれに見るほんものの政治小説である。それは農民の側に立ったイデオロギー小説という意味ではない。

天保年間、荘内（庄内）藩に国替えの台命《たいめい》が下り、九カ月後に撤回となった、いわゆる「三方国替え」騒動を題材にしている。幕命を発した老中首座・水野忠邦を中心とする幕閣、受けた側である藩主・酒井忠器《ただかた》を中心とする藩執政、そして「殿様お引き留め」のために江戸への越訴をくりかえした領民たち。この三者の動きが、ダイナミックかつ精密に描かれる。三者の動きがぶつかりあいながら、政治力学の裸の形が徐々に現れてくる。それでいて登場人物の個々の顔もはっきり見える。あまりいわれていないが、これは驚嘆すべき、すぐれた政治小説である。

『三屋清左衛門残日録』は、海坂とか五間川とかの地名は出てこないが、私は藤沢の郷里庄内をモデルにした「海坂藩もの」に数えている。小説のなかに北国の四季がめぐり、人が生きる時間が刻まれてゆくのを体験でき、端正で美しい文章は読み返すたびに味わいが深まる。

作家のひとり娘である遠藤展子さんの回想エッセイは、今年一月に出た『父・藤沢周平との暮し』(新潮社)と二冊あわせて一本としたい。二冊とも率直で目くばりの利いた文章で、心打つエピソードがたくさん語られている。父親としての藤沢周平の姿の向うに、時折ドキリとするような作家の素顔がのぞく。藤沢ファンはぜひご一読を。

(2007年4月1日)

養老孟司・選

ディック・フランシス

①**女王陛下の騎手**（菊池光訳／ハヤカワ・ミステリ文庫）＊2
②**侵入**（菊池光訳／ハヤカワ・ミステリ文庫）
③**決着**（菊池光訳／ハヤカワ・ミステリ文庫）＊2

ディック・フランシスはほぼ年に一冊の割合で新作を書いた。上下の波の少ない作家で、どれもよい作品に仕上がっている。それなら一冊読めば十分だと思う人もあろうし、次々に読みたくなる人もあるはずである。私もこの機会に古い本を拾い出し、読み続けてしまった。

『女王陛下の騎手』。これは処女作、しかも自伝である。騎手生活を引退し、新聞に書くことを始めて、作家として立つ。現在のエリザベス女王と変わらない年代で、イギリス人の常識がよくわかる。具体的でユーモアに富み、詳細が興味深い。六歳のときにロバに後ろ向きに乗り、障害を飛び越すという賭けを兄とやる。それに勝ったのが、心中での騎手の始まりだと書く。どうしようもない人だが、非常識かというなら、とんでもない。こういう友人が欲しい。読者にそう思わせる。

『侵入』。ポワロやホームズの場合と違って、フランシスは同じ主人公をあまり使わない。その例外の一つがこれで、次作の『連闘』と同じ騎手が主人公である。二十四番目に翻訳された典型的な競馬シリーズの一つ。『決着』。これが三十二番目。訳者は菊池光。簡潔かつ男性的な著者の文章をよく写している。どちらの作品も貴族や王族が出てくる。家というものが重要性を持つのは、なにも日本に限らない。

フランシスの作品から、実現するとはどういうことか、フェアとはどういうことか、戦わなければならないのはどういう場合か、大人の倫理が学べるはずである。若い世代なら、成熟とはなにかを知ることができる。いつも私はイギリス人に感心する。むろん出来のいい人の場合だが。どこの世界でも、実際にものごとを進め、片付けるのは、フランシスの主人公のような人たちだ、と読者に思わせる。

（2010年3月21日）

伊藤比呂美・選

井上雄彦

①SLAM《スラム》 DUNK《ダンク》 完全版 全24巻（集英社、ジャンプ・コミックス デラックス）
②バガボンド 1〜32巻まで（吉川英治原作／講談社、モーニングKC）※2020年1月現在37巻まで刊行
③リアル 1〜9巻まで（集英社、ヤングジャンプ・コミックス）※2020年1月現在14巻まで刊行

小説や詩は寝食を忘れて読まないのに、漫画は寝食を忘れて読んでしまう。それはなぜなのか、井上雄彦の表現をとおして考えつめてきた。

『SLAM DUNK』は漫画のふりはしてるが実は現代の軍記物、と読み解きたい。それで、そこから次の『バガボンド』に行ったのもすんなりと納得できる。中世の軍記物では、敦盛《あつもり》や義経や曽我兄弟が戦って死ぬ。『SLAM DUNK』では、少年たちがバスケして負ける。一瞬一瞬が真剣勝負である。やりとりするボールはすなわち命である。

『バガボンド』の主人公は宮本武蔵。しかし実は、井上雄彦が井上雄彦としての道をきわめようとしている物語だ。井上雄彦という表現者がどんどんむきだしになっていく。井上の戦いに武蔵の戦いがかぶさる。漫画としては、未踏の分野に踏み込んでいる。それはとても凄《すさ》まじい。わたしは目をそむけながら、見届けていこうと思っている。

『リアル』は車イスバスケの漫画である。『SLAM DUNK』から『バガボンド』を通って、ここに来る必然性が確かにあったのだ。その上まっとうに漫画的であり、政治的にもとても正しい。井上雄

彦の筆致は、容赦なく、さあここで泣け、ここで感動しろとわたしに迫る。毎度言われるままに泣いたり感動したりしながらも、そんなに明快でどうする、読者をコントロールしてどうするとわたしは反発した。ところが最新刊の第九巻、反発はすべて消えた。三人の主人公が、やっとぴたりとつながった。それだけでも快感なのに、最初の一言から最後の一言までむだなことばがまったくない。漫画という情報量の多い表現のクセに、現代詩以上にそぎ落とされ、とぎ澄まされたことばで世界ができている。ついこの間まで漫画に期待もしていなかったことばの表現がここにある。それが、井上雄彦のリアル。

（2010年4月11日）

逢坂剛・選

ダシール・ハメット

①マルタの鷹（小鷹信光訳／ハヤカワ・ミステリ文庫ほか）
②赤い収穫（小鷹信光訳／ハヤカワ・ミステリ文庫ほか）
③ガラスの鍵（大久保康雄訳／創元推理文庫ほか）
※①は改訳版、②③は新訳版あり

わたしが、はっきり小説というものに目覚めたのは、中学三年のときにハメットの『マルタの鷹《たか》』を、大きな驚きをもって読んだときだった。それまで親しんできた本格探偵小説が、すっかり色あせるほどの衝撃だった。心理描写なしに、これほど登場人物それぞれの性格を、くっきりと描き出すことができるとは、信じがたかった。

初めて読んだハメットの作品は、長編第一作の『赤い収穫』だが、そのときはまだ中学二年だったから、よく分からなかった。しかし新たに読み直してみて、ハメットが普通の意味でのミステリー作家ではないことが、ようやく分かった。わたしにとっては、それが〈ブンガク〉との出会いだった。相手が、ヘミングウェイでもサリンジャーでもなく、ハメットだったことが幸い（災い？）した。その後、読書対象がチャンドラーや、ロス・マクドナルドにつながることにもなったからだ。そこに、今はめったに評価されることのないイギリス作家、ジェームズ・ハドリー・チェイスを加えてもよい。

わたしが、ハメット作品の中でもっとも高く評価するのは、『ガラスの鍵』である。この、茫洋《ぼうよう》としてつかみどころのない賭博師、ネド・ボーモンを主人公にしたミステリーは、ある意味で難解な小説で

ある。わたしは、高校時代に初めて読み、大学にはいって再読三読し、社会人になってさらに読み返した。原書を手元に置き、訳書の疑問点をいちいちチェックしながら読む、という受験勉強のような取り組み方をした。『マルタの鷹』を正のハードボイルドとすれば、こちらは負のハードボイルド、とでもいえようか。ボーモンという人物の造型は、いわば一つの事件であった。

今でも、この小説のすべてを理解したとはいえず、たまに手に取って読み返すことがある。

（2008年10月5日）

原尞・選

レイモンド・チャンドラー

①**大いなる眠り**（双葉十三郎訳／創元推理文庫）＊2
②**さらば愛しき女よ**（清水俊二訳／ハヤカワ文庫）
③**長いお別れ**（清水俊二訳／ハヤカワ文庫）
※②③は新訳版あり

初期の短篇で、主人公を「私」で語らせる一人称記述と、「彼」で描写する三人称記述を混用していたチャンドラーは、私立探偵フィリップ・マーロウを初登場させた最初の長篇『大いなる眠り』では一人称記述を選択し、それ以後はすべての小説でそのスタイルを通した。年下の先駆者ダシール・ハメットでさえ、一人称記述では、犯罪実話ふうの等身大（名無しの中年男）の探偵コンチネンタル・オプを書き、彼よりも個性的で魅力的な探偵サム・スペードを描くときには三人称記述に変えている。実際、一人称記述は、作者が自身をモデルにしようとするときや、作者が自分と等身大の人間を主人公にしようとするとき、さらには作者が親近感を抱く人間を主人公にしようとするときには好適である。作者がもし、自分を超える人物を描こうとするなら、三人称記述を採用するのが無難である。それは数多《あまた》のヒーロー小説が証明している。自分を超える（つまり、自分よりはるかに魅力的な）人物の言動を一人称で書くことの難しさはほとんど不可能に挑むのに等しい。後継者ロス・マクドナルドも不可能への挑戦から出発したが、やがて探偵リュウ・アーチャーを等身大の魅力に限定することに帰着している。

だが『大いなる眠り』を読了した読者は、マーロウという私立探偵の会話と行動に魅せられ、彼の物

語をもっと読みたいという衝動に駆《か》られる。以後七十年におよぶ膨大な読者の敬愛の声を顧みれば、マーロウの誕生は小説史上の奇蹟《きせき》であると言うほかはない。それは、魅力ある主人公の言動を作者の眼《め》をとおした報告として聞かされるそれまでの読書ではなく、魅力ある主人公の言動（つまり、マーロウの行動と思索とセリフ）をじかにつぶさに見聞しながら、ともに生きるという稀有《けう》の読書の出現だった。

いかにしてそれが可能だったのか？　チャンドラーという人は、実生活ではあまり上出来な人格ではなかったように伝えられているにもかかわらず、である。それは、チャンドラーが文章を書くことにそそいだ全身全霊と、彼の文体の魅力だけがそれを可能にしているのである。

選んだ3冊はマーロウの①生成、②完成、③熟成の物語となっている。むかしの小説や翻訳を読むのはいささか苦手であるという若い読者には、現在では村上春樹さんの新訳も登場しているので、お薦めである。

（2008年11月30日）

やなぎみわ・選

高野文子

高野文子は寡作である。だからこそ作品との出会いは、毎回、初対面の新鮮さと衝撃がある。最初の出会いは、16歳の時。愛読していた少女漫画雑誌に不思議な読み切り漫画が掲載されていた。113頁《ページ》もの長編に描かれていたのは大正時代の女学校の数日間。横浜を思わせる港町、開港記念の出し物である歌劇「青い鳥」の練習に励む少女たちの淡い恋と別れ。

『春ノ波止場デウマレタ鳥ハ』というタイトルのごとく、作品には、早春の陽光のように、のんびりと、ゆったりと、そして、一瞬のうちに通り過ぎる100年前の少女たちの時間があった。当時の少女漫画流のバタ臭い美形どころか、登場人物はみな引目《ひきめ》鉤鼻《かぎばな》、線は一筆書きのように流暢《りゅうちょう》で、スクリーントーンによる大胆な陰影表現が印象的だった。その頃《ころ》、私も見よう見まねで漫画を描いていたが、高野文子はまるで遠い空を流れる雲のように、流れる水のようにつかみどころがなかった。登場人物やストーリーへの作家のフェティッシュがほとんど感じられない少女漫画というのは初めてだったように思う。しかし初期作品が収められた短編集「絶対安全剃刀《かみそり》」には、自らの性や我執を切り離そうと葛藤《かっとう》する「少女」高野文子がいる。

①春ノ波止場デウマレタ鳥ハ（『おともだち』所収／筑摩書房）

②奥村さんのお茄子《なす》（『棒がいっぽん』所収／マガジンハウス）

③しきぶとんさん　かけぶとんさん　まくらさん（「こどものとも年少版」2010年2月号／福音館書店）

2度目の偶然の出会いは、1995年の単行本「棒がいっぽん」。この中に収められていた『奥村さんのお茄子』に衝撃を受けた。淡々とした日常のSF。マクロとミクロを軽々と往復する視点に目の前の現実が揺らぎ、時間による遠近を無効にされて記憶が混乱した。漫画を超えた新しい表現との出会いに、ハラリと目から鱗《うろこ》が落ちた。この作品に比べればCGを駆使した昨今の映画の眩惑《げんわく》など小手先の子どもだましである。天才の神業に見えた『奥村さんのお茄子』には、高野氏が全編描き直しなど大変な労力を注いだことを知り、あらためて生身の作家の存在を感じ、表現にかける野心に脱帽した。

そしてまた幾年月、今年小さな月刊絵本で、いきなり高野文子と出会った。『しきぶとんさん　かけぶとんさん　まくらさん』。小さな男の子が悪夢を見たりおねしょをしないよう布団や枕に願をかける。むずかる2歳の息子に読み聞かせると、あっというまに眠りに落ちた。驚くべき絵本である。人生のどの地点でどのように出会ったか、いつもはっきりと記憶している高野作品。忘れた頃に突然ふらりと現れて人々を驚かせる、やはり仙人でいてほしい。

（2010年6月2日）

島田荘司・選

コナン・ドイル

①**緋色の研究**（阿部知二訳／創元推理文庫）
②**バスカヴィル家の犬**（日暮雅通訳／光文社文庫）
③**シャーロック・ホームズ百科事典**（マシュー・バンソン編著、日暮雅通監訳／原書房）
※①は新訳版あり

英国のシャーロック・ホームズ・シリーズは、探偵小説を新文学として定着させた第二の、そして最大の理由です。第一は、米国のアラン・ポーの短編『モルグ街の殺人事件』（岩波少年文庫）になります。このふたつがなければ、今日、日本のブームもありませんでした。

探偵小説は、文学の「自然主義」、音楽、絵画の「印象派」と同じく、十九世紀の目ざましい科学発展の影響下に生まれ落ちた新興の分野です。指紋、血液型、顕微鏡検査のための微物収集、こうした分析発想が、それまでの素朴な幽霊話を一変させたわけです。

もうひとつは、英米世界に存在していた「陪審制の裁判」です。それまで犯罪は、勘に頼っての検挙、のち被疑者に自白を強いる、警察官の一種の職人芸で処理されていました。スコットランドヤードがこれを否定し、科学を用いて客観的に犯罪の存在を立証する科学警察をスタートさせ、この思想が、司法によるその後の量刑を、最高権威者たる国民が監視するという陪審制裁判の、より強化につながりました。

したがって英米では、プロの捜査官も、平易な言葉を用い、一般人に解《わか》りやすく状況を説明する能力を求められたし、素人たる市民が刑事事件を詮索《せんさく》することは傲慢《ごうまん》でも僭越《せんえつ》でもなく、義務となったわけ

です。モルグ街やホームズのシリーズは、そうした新社会の手引き書としても、充分に機能しました。

ポーやドイルの小説中の主人公が見せる冷静で科学的な態度は、新世紀の革新的な思想を反映したものであり、先進の市民が身につけるべき科学発想、論理思考能力の規範を示すものでした。こうした視線は、科学のさらなる進展にも、迷信や、ゆがんだ古い道徳観を追放して、より暮らしやすい社会を実現するという目的においても、必要なことでした。

かくして探偵小説はブームを巻き起こし、世界中に飛び火していきますが、述べたような理由から、陪審制裁判を採る国において、より発展します。職業裁判官による三審制を採る国で、これほど大きく探偵小説が発達したのは日本だけです。すると面白いことに、この状況を追うようにして、わが国にも「裁判員」の制度が導入されました。今や日本人も、探偵小説の持つ本来的な価値を獲得したわけです。こうした歴史の原点には、イギリスのシャーロック・ホームズのシリーズがありました。

（2010年7月25日）

中島京子・選

カズオ・イシグロ

①浮世の画家（飛田茂雄訳／ハヤカワepi文庫）
②わたしを離さないで（土屋政雄訳／ハヤカワepi文庫）
③夜想曲集――音楽と夕暮れをめぐる五つの物語（土屋政雄訳／ハヤカワepi文庫）

太平洋戦争中に戦意高揚画を描いていた画家の終戦後の回想という形式をとる、著者の長編第二作『浮世の画家』。舞台は日本だが、五歳でイギリスに渡り、英国籍を持つカズオ・イシグロの描く日本は、小津安二郎や溝口健二の映画みたいで、どこかひどく懐かしい。そして飛田茂雄訳は、とても流暢《りゅうちょう》で、昭和二十年代の日本を現出させるに十分な、非常に端正な日本語なのである。だからうっかり海外文学だということを忘れそうになるのだけれど、これを初めて読んだとき、ある、未経験の混乱が、私を襲った。語り手の小野益次は、ものすごい勢いで自分の人生を語るにも関わらず、大事なところになると、絶妙に奥歯に物の挟まった口調になる。韜晦《とうかい》、悔恨、正当化、憐憫《れんびん》……。人が自己を語るときに思わず紛れ込むそうした感情が小野の語調を鈍らせ、ときには逆に饒舌《じょうぜつ》にする。そのゆらぎの中にこそ、明確に語られないものの中にこそ、多くが語られる。イシグロの十八番、「信用できない語り手」に、私が強烈に出会ったのは、この作品でだった。

イシグロの小説にとって、記憶は何より重要だ。小野益次の述懐も、記憶を曖昧にしたり、ごまかしたりする。この「記憶の混乱」というテーマには、捏造《ねつぞう》とか隠蔽《いんぺい》とか、ネガティブなイメージがある。

けれど、「記憶」の作家イシグロのアプローチは、それだけでは終わらない。

たとえば、最新長編にして世界的ベストセラーとなった『わたしを離さないで』においては、むしろポジティブな面も語られる。冒頭、幸福な少年時代を持たない臓器提供者が、語り手である介護人のキャシーに、子供時代の思い出を話してくれとねだる。「薬と痛みと疲労で朦朧《もうろう》とした瞬間に、わたし（キャシー）の記憶と自分の記憶の境がぼやけ、一つに交じり合うかもしれない」からと。ここはちょっと、ストーリーを知る者には涙なしには読めない部分なのだが、映画も公開されたことだし、ぜひぜひご一読を。そして、この小説のいちばん怖いところも、キャシーの記憶と読者一人一人の記憶が一つに交じり合ってくるような文章の力なのである。

濃厚な語りで圧倒的な世界を構築する長編には、新作が出るたび驚かされる。一方、著者が「こういうものが好きな人」のために書いたという『夜想曲集』は、イシグロのブラックユーモアがさく裂する短編集で、こちらもちょっと病みつきになる面白さがある。

（2011年3月27日）

吉本ばなな・選

萩尾望都《もと》

①**残酷な神が支配する　全10巻**（小学館文庫）
②**ポーの一族　全2巻**（小学館）
③**バルバラ異界　全4巻**（小学館フラワーズコミックス）＊2

『残酷な神が支配する』は、マンガという手法がたどり着いた芸術の最高峰だと思う。1巻からいきなりとてもつらい内容で、ずっと息がつまり続けるし、だれもが強いエゴや性欲や壊れた心を癒せずに右往左往するから、きつい文学（ドストエフスキーのような、長くて重くて読む方も体力がいる）に対するのと同じ心構えで対さなくてはならない。

お母さんが勝手だと子どもはたいへんよね、という個人的な物語では決してなく、どの家族もあらかじめ必ず壊れていて、それなのに必ずそこには愛があるという、人類の存続に関する大命題に天才がまっこうから取り組んだ大作だ。

読んだときあまりに感動しすぎて三十分くらい全く動けなくなった。

『ポーの一族』は、小学生のときに読んだ。あまりにも悲しい設定に独特の美しさが重なり、思春期前なのにかなり没頭してしまい、ほとんど全部のネームを丸暗記しているほどだった。私の創作に大きな影響を与えた作品だと思う。

悲しみの中にしかない美しさや強さを渾身《こんしん》の力で描いていているうちにどんどん絵がうまくなっていくの

が怖いとさえ感じた。

『バルバラ異界』はたいへん読みにくいのだが、もしもＳＦが好きな時期が一度でもあった人なら、これこそがＳＦだというすごい作品だと思う。

時間の流れの大きさの前に気持ちが茫洋《ぼうよう》としてしまい、なにもかもが薄く空《むな》しくなっていくような感じや、その中でうごめく人間的な感情がいかにちっぽけで淡く、しかし尊いものであるかをしみじみ思う。こんなむつかしい設定なのに人の気持ちのつらさ切なさが描けるなんてすごい。

ほんとうにすごい人はさりげないというのはよく聞く話だけれど、萩尾先生のことを思うと、それはほんとうだなあと思う。いつお目にかかっても、萩尾先生はのどかでおっとりしておられて、にこにこしていて、すっと町にとけていく。

でもしばらくいっしょにいると、萩尾先生のまわりにはどう考えても「萩尾先生の世界」としか言いようのないモヤみたいなものが感じられる。そこに触れたらみなあの世界に連れていかれてしまう、危険な才能の渦がある。

同じ時代を過ごしている奇跡に感謝する。

（２０１１年４月24日）

綾辻行人・選

横溝正史

①本陣殺人事件（角川文庫）
②悪魔の手《て》毬唄《まりうた》（角川文庫）
③真珠郎（扶桑社文庫）＊1

太平洋戦争の末期、横溝正史が東京を離れ、岡山県の吉備郡岡田村に疎開していたのは有名な話である。

戦局の悪化に伴い、「不謹慎なもの」として発表が禁止されていった探偵小説。全国の主要都市が米軍の空襲によって焼土と化したあげく、岡山の隣県である広島には原子爆弾が投下されることになる。そんななか正史は、ジョン・ディクスン・カーの原書を読むなどして触発されながら、「本格探偵小説」への情熱を胸のうちで燃やしつづけていた。一九四五年の八月十五日、終戦の詔勅を聞いた正史が「さあ、これからだ」と意気を上げたというのは、これもまた有名な逸話である。

そうして一九四六年、雑誌『宝石』誌上に発表されたのが『本陣殺人事件』であった。名探偵・金田一耕助の初登場作品でもあるこのコンパクトな長編は、わが国の戦後本格ミステリにおける教科書的作品（もちろん良い意味での）と云《い》うべき名作だと思う。少なくとも僕は、十代の頃にこの作品を読んで非常に感銘を受け、同時に「本格ミステリとはかくあるべし」という基本を学んだ。その意味でもこれは、僕にとって「特別な一冊」なのである。

『本陣殺人事件』以降、精力的に書きつづけられた金田一耕助シリーズの、幾多の長編の中でもとりわけ好きなのが、一九五九年刊行の『悪魔の手毬唄』である。岡山と兵庫の県境に位置する寒村「鬼首村」を舞台に、村に伝わる「手毬唄」の歌詞に見立てた外連《けれん》味たっぷりの連続殺人が……というこの長編、個人的には戦後横溝作品の集大成的傑作であると考える。ちなみに、市川崑監督が一九七七年に映画化した同題作品も、日本のミステリ映画史上に残る傑作であろう。

さてもう一冊、戦前の長編から『真珠郎』（一九三七年）を挙げることにしよう。探偵役は戦後発表の『蝶々殺人事件』でも活躍する由利麟太郎。プロットには本格ミステリ的な背骨が通っているものの、『真珠郎』なる特異な題名からも窺《うかが》われるように、物語の前面に押し出されているのは濃厚な耽美《たんび》色・猟奇色であって、サブジャンルに分類するならばさしずめ「怪奇スリラー」になるだろうか。しかしながら、このような戦前の秀作もまた、わが国を代表する探偵小説作家・横溝正史を語るうえで欠かすことのできないものなのである。

（2011年6月5日）

今野敏・選

筒井康隆

①**おれの血は他人の血**（『筒井康隆全集』第15巻所収／新潮社）＊1

②**宇宙衞生博覽會**（新潮文庫）＊2

③**ダンシング・ヴァニティ**（新潮文庫）＊2

びっくりした。こんなに面白い小説が、この世にあったのか。

それが、筒井康隆さんの小説を初めて読んだときの感想だった。それまで読んだ小説とは、面白さのレベルが違う。心底そう感じて、たちまち心を奪われてしまった。

電車の中で、読んでいて、夢中になったあまり、駅を乗り過ごしたという経験は、筒井さんの小説が初めてだった。

げらげら笑って、読み終わったときには、ちょっとシニカルになっている自分に気づく。三冊を選べということだが、これはほぼ不可能に近い要求だった。どれもこれも面白い。

その難題に挑んでみた。

まずは、『おれの血は他人の血』。長編を選んでみた。まさか、こんなのあり得ないだろうと思いながらも、ぐいぐいと物語に引っぱられていく。そしてこの作品を選んだ理由は、要所要所に、すかっとする快感があることだ。

こういう小説も「あり」なのだと、つくづく感心したものだ。

二冊目は、『宇宙衛生博覧會』。短編集だ。とにかく、読みはじめたら途中で止めることができなくなる。

どの作品も、ただ笑えるだけではなく、ちょっと心の暗黒部分をくすぐられる。特に、「問題外科」や「ポルノ惑星のサルモネラ人間」は、独特のエロチシズムがあり、こっそりと読みたくなるような魅力にあふれている。

もともと小説など後ろめたいものだ、というようなことを、筒井さんがおっしゃっていたような気がする。その意見には、実に納得できる。世の中、優等生が書くものばかりでは、とてもつまらないに違いない。

三冊目は、『ダンシング・ヴァニティ』。先に挙げた二冊が、一九七〇年代に出版されたものだったので、比較的新しい作品を選んでみた。『夢の木坂分岐点』などの系譜と見ることができる作品だが、熟練の味がある。

私事になるが、筒井康隆さんの大ファンだったので、学生時代に、氏が選考委員をされていた小説誌の新人賞に応募した。幸いにも、受賞作に選ばれ、作家としてデビューすることができた。

（2011年10月30日）

湊かなえ・選

アガサ・クリスティー

①そして誰もいなくなった（清水俊二訳／ハヤカワ文庫／現在手に入るのは青木久惠訳／同文庫）
②ポケットにライ麦を（宇野利泰訳／ハヤカワ文庫）
③愛国殺人（加島祥造訳／ハヤカワ文庫）

高校生になり、学校帰りに立ち寄る本屋で、ちょっとかっこいい本を読んでみようと、海外ミステリー文庫の棚で手に取ったのが、赤い背表紙がお洒落《しゃれ》なハヤカワ文庫、アガサ・クリスティー『そして誰もいなくなった』でした。

謎の富豪からインディアン（＊現在では「兵隊」と表記）島に招待された十人。暖炉の上にはマザーグースの童謡、インディアン（＊同）の数えうたが書かれた額縁。テーブルの真ん中には十個のインディアン（＊同）人形。謎の声が明かす十人の罪状。一人ずつが殺されていき、そして誰もいなくなる――。

夜、布団に入り、スタンドの灯《あか》りの下でページをめくりはじめたものの、話が進むにつれて目は冴《さ》えていき、布団をめくって電気を点《つ》け、ガッツリと読書態勢を取り直して、ラストまで一気に読みました。そして、予測不能な結末に呆然《ぼうぜん》。犯人がラストまでわからないことなどない、という思い上がったプライドを、粉々に砕かれることがこんなに気持ちいいとは。興奮冷めやらぬまま、学校帰りに再び本屋に駆け込みました。次はどれを読もう。

怖いけれどどこかモダンなクリスティーの世界。入り込むと読み終わるまで抜け出せないその世界を、

空気のように包み込んでいるのがマザーグースの童謡ではないか。そう思い、『ポケットにライ麦を』を選びました。クリスティーが生み出した名探偵の一人、色白で上品な雰囲気を漂わせる編み物好きの老婦人、ミス・マープルとの出会いです。村の人々を観察するのが大好きで、事件が起これば現場に乗り込み、直観力と観察力を武器に解決する。この人情味あふれるおばさんが、わたしの中のクリスティー像と重なり、ミス・マープルをもっと知りたい、と少しずつ買い揃《そろ》えるようになりました。

クリスティー作品にはまっていくうちに、やはり気になるのは、もう一人の名探偵、灰色の脳細胞を持つポアロです。しかし、月三千円のお小遣いでは限界がありました。そこで、本好きの友人に『そして誰もいなくなった』を貸したところ、彼女もすっかり打ちのめされ、「わたしはポアロを集める」と宣言してくれたのです。そして、最初に買ったのが、マザーグースの童謡が出てくる『愛国殺人』でした。

あれから二十年、クリスティー作品と同様に、青春時代の読書の思い出も、色あせることなくわたしの脳細胞に刷り込まれています。

（2011年11月27日）

北村薫・選

フジモトマサル

①今日はなぞなぞの日（平凡社）＊1
②終電車ならとっくに行ってしまった（新潮社）＊1
③夢みごこち（平凡社）＊1

「艱難《かんなん》辛苦―空虚―弱り目に祟《たた》り目―飯の種」という流れを見れば、しりとりになっていると分かる。実はこういう四コマ漫画なのだ――と聞けば、最後の「飯の種」のコマで、どうやって落とすのか――と思われるだろう。

わたしがフジモトマサル氏の作品を見て、最初にうなったのは、この「しりとり漫画」だった。雑誌の最終ページに連載されていた。こんな面倒、かつ変わったことを考え、やってしまう。しかも（そこが肝心なのだが）面白い。一ページ分しかないので量的にまとめにくいせいか、まだ本になっていない。しかし、三冊あげるのに「困ったな」とはならない。チーズケーキのどこを切ってもその味がするように、フジモト氏の多彩な本の、どれを取っても、この独特の感触と出会える。

まず、先日、荻野アンナさんにお会いした時、話の流れからしゃべってしまったのが、『今日はなぞなぞの日』。その中の、文庫本を掃除機に吸い込んだ時のなぞなぞ。「ああ大変！と思ったけれど、掃除機は何事もなかったように快調に動いています。なぜでしょうか？」。荻野さんは、これに手をうって大喜びなさり、「これから授業で話します」といい、颯爽《さっそう》と大学に向かわれた。無論、答えはここに書

かない。本を買って、なるほどと思っていただきたい。本来、それに付けられた絵と一緒に味わうべきものだ。このページには、掃除機をかけるヒツジの絵が描かれている。

二冊目は、「著者初の画文集」という『終電車ならとっくに行ってしまった』。子どもの頃、スキー場で深い雪の穴に落ちた時の鮮明な記憶が語られる。だが、ある時、それが、そっくりそのまま兄の体験が自分の頭にコピーされ刷りこまれたものだと分かる。この話は忘れ難い。様々な形で、多くの人に同じことが起こっている筈《はず》だ。自分というものの不確かさ、ゆらゆらと世界の揺れるような感じは、フジモト作品にそのまま繋《つな》がる。

最新作が『夢みごこち』。内容を話せば、ありそうなもの——と思われるかも知れない。そんな紹介をすべき本ではない。ページをめくりつつ次第に、五里霧中、あるいは五里夢中といった、そんな感じになって来るところに値打ちがある。子どもの頃の自分に渡してやりたいが、「確か、こんな体験をした……」といい出す奇妙な少年になりそうで、ちょっと怖い。

（２０１２年１月８日）

小林信彦・選

パトリシア・ハイスミス

①**太陽がいっぱい**（現在手に入るのは佐宗鈴夫訳／河出文庫）
②**見知らぬ乗客**（青田勝訳／角川文庫）
③**孤独の街角**（榊優子訳／扶桑社ミステリー）＊1

パトリシア・ハイスミスの翻訳を出せ、と私がしつこく書いたのは二十年ほど前か。

そのせいではなく、ある作品が日本でその年の人気一位になったので、一時的に人気が上り、ほぼ全作品が、角川文庫、河出文庫、扶桑社ミステリーと三つの文庫でならび、単行本も出た。

日本でハイスミス女史が有名なのは、ルネ・クレマン監督の「太陽がいっぱい」の原作者としてであり、アラン・ドロン、モーリス・ロネ、マリー・ラフォレの美男美女が複雑にからむストーリーとラストの衝撃で一九六〇年度の話題をさらった。

アンリ・ドカエの撮影もすごかったが、魚市場のシーンで流れるニーノ・ロータの音楽がすばらしく、パトリシア・ハイスミスの小説の映画化として、これ以上のものはない。配給会社の人の好意で、五反田の試写室で観《み》たのだが、町の映画館で見なおして海の色の美しさに息をのんだ。日本版は海の色が泥みたいだった。

原作である『太陽がいっぱい』は翌年に角川文庫から出たが、人間関係、ラスト、ともに映画とは異っている。

ハイスミスの小説は、実は一九五一年に映画化されている。監督はアルフレッド・ヒッチコック。不調だったヒッチコックはこの異色作で立ち直った。

いわゆる〈交換殺人〉を描いたサスペンス映画で、変質者として出てくるロバート・ウォーカーの演技が必見である。ただ、映画化に際してのストーリー改変は「太陽がいっぱい」よりも激しく、クライマックスはエドマンド・クリスピンの『消えた玩具屋』（ハヤカワ・ミステリ文庫）の〈回転木馬の暴走〉にヒントを得たのではないかといわれている。

『太陽がいっぱい』が心理的サスペンスなら、『見知らぬ乗客』は異常者がストーリーをひきずってゆくサスペンスになっている。

ハイスミスの残りの作品は、ほぼ同じくらいの出来だが、サスペンスよりふつうの文学愛好者に好まれるのが、一九八六年の『孤独の街角』（日本では九二年刊）である。ニューヨークの街を歩く〈黄金色〉の髪の娘に心を惹《ひ》かれる二人の中年男の話で、ともに精神がおかしいのはいつものハイスミス調。同性愛も出てくる。

（2012年1月22日）

米澤穂信・選

泡坂妻夫

①**亜愛一郎の狼狽**（創元推理文庫）
②**妖女のねむり**（創元推理文庫）
③**家紋の話　上絵師が語る紋章の美**（新潮選書）

好きな作家は沢山《たくさん》います。でも、憧れる作家となるとそう多くはない。いくつかの名前を思い浮かべてみましたが、憧れの筆頭に挙がるのはやはり泡坂妻夫です。私は泡坂先生から多くのことを学んだつもりでいますが、実際にはその深みの百分の一すら解し得ていないでしょう。

泡坂妻夫はミステリの名手です。『亜愛一郎の狼狽《ろうばい》』に始まる三冊のシリーズでは、特に逆説に冴《さ》えを見せました。意表を衝《つ》くロジックの数々はミステリ用語で言うところの「奇妙な論理」の域を超え、時に深い人間洞察にも結びつきます。その作風は鬼面人を驚かすようなどぎつさとは無縁です。中空からさりげなく花を取りだして、どうだい驚いただろうと微笑《ほほえ》む老紳士。それが、私が泡坂ミステリに対して抱いているイメージです。

そしてまた、先生は通人でもあります。江戸の文化を愛しながら、現代の文化を嫌うこともない。ミステリ作家として名を成す一方、自ら手品を演じることもありました（拝見する機会がなかったことは返す返すも残念です）。物知りとは違う。教養人という言葉もしっくり来ない。やはり通人と呼ぶか、でなければ「旦那」でしょう。物を知っているのに嫌みのない文章を読めば、自分はゆくゆくこういう品の

あるものが書けるだろうかと自省を迫られます。『妖女のねむり』が好きです。美とは何か、文化とは何か、大上段に振りかぶって小説に書くことは野暮《やぼ》だと思っていましたが、『妖女のねむり』を読んで、それは思い込みに過ぎないと知りました。この世に脈々と受け継がれてきた文化、それに接する姿勢そのものが小説になり得ることを教えられたのです。

また、先生は作家である以前に職人でもありました。和服に家紋を入れる職人の家に生まれ、自らも家業を継いでいました。代々伝わる家紋リストが戦災で焼け、戦後は和服需要が急激に減っていくという激動の只中《ただなか》を生きてきた人なのです。先生は時代の移り変わりに対し、激して憤るような文は書かれませんでした。ただ一抹の寂しさをもって、その変遷を見つめていたのでしょう。その職人としての姿は『蔭桔梗《かげききょう》』にうかがうことが出来ますが、『家紋の話』を読むのもいいかもしれません。技術に裏打ちされ地に足の着いた文章からは、文化に直接携わった人間の誇りと愛情が、ひしひしと感じられます。

（2012年2月12日）

池澤夏樹・選

ジョン・ル・カレ

①**スマイリーと仲間たち**（村上博基訳／ハヤカワ文庫）
②**リトル・ドラマー・ガール　上・下**（村上博基訳／ハヤカワ文庫）
③**ロシア・ハウス　上・下**（村上博基訳／ハヤカワ文庫）＊1

丸谷才一さんはミステリが好きだった。

スパイ小説はミステリの一分野であり、二十世紀後半のイギリスで最高のスパイ小説を書いたのがジョン・ル・カレである以上、丸谷さんがこれを読んでいないはずはないと思っていた。しかし、新刊の『快楽としてのミステリー』（ちくま文庫）の中にエリック・アンブラーやイアン・フレミングやグレアム・グリーンは論じているのにル・カレについてはほとんどないに等しい。

『猫のつもりが虎』（文春文庫）の二ページにわたる記述を見落としていたのだ。「冬のアイス・クリーム」の章で『ロシア・ハウス』の中でアイスクリームを食べる場面のことを実に楽しそうに書いておられた。丸谷さん、やっぱりお読みでしたかとこちらも嬉《うれ》しくなった。

ジョン・ル・カレ、出世作は『寒い国から帰ってきたスパイ』（ハヤカワ文庫）。その後で「スマイリー三部作」を完成させて地位を不動のものにした。ミステリだからゲーム性は充分にある。しかしそれを覆うほどの人間たちの描写がいい。彼らのふるまいや会話、一瞬のしぐさ、身に着けたもの、性癖、などを通して悲哀が読む者に寄せてくる。

スパイとは結局は信頼の否定であり裏切りである。だからそれをあばく側に訪れるのは勝利感ではなくせいぜい空虚な達成感なのだ。「スマイリー三部作」はソ連諜報《ちょうほう》部を率いるカーラとイギリスで同じ地位にいて一度は失脚するジョージ・スマイリーの対決の物語で、最後の『スマイリーと仲間たち』でカーラを捕まえる。この結末がなんとも苦い。

三部作が完成したのが一九七九年。対ソ連という舞台を使い切った後、一九八三年に書かれた傑作が『リトル・ドラマー・ガール』。主題はイスラエル＝パレスチナ問題だった。ヨーロッパ各地で爆弾を仕掛けるパレスチナ側のテロリストをイスラエルの諜報部が追う話だが、ジョン・ル・カレのリアリズムはそうそう簡単に一方を悪役にしない。潜入の任務を負ったイギリスの若い女優が見る難民キャンプの光景は現代の世界を生々しく映している。

ふたたび話をロシアに戻した『ロシア・ハウス』は一九八九年。冴《さ》えない中年のイギリス人が惚《ほ》れたロシア女を救い出すために自分の国の諜報部相手に仕掛けるトリックが見事で読後感も爽快、ですよね丸谷さん。

（2012年12月16日）

手塚治虫の3冊①

夏目房之介・選

　手塚治虫について三冊を選べ、といわれると非常に困る。手塚論の基礎文献といえば、ウヌボレをさしひいても、私の著作が二冊は入ってしまうからだ。なので、それ以外から、ということになる。まず、中野晴行『手塚治虫のタカラヅカ』。宝塚という小林一三のつくりあげた昭和モダンな郊外住宅地の環境（歌劇、遊園地、ホテル、自然）と戦前の大阪を、手塚を育んだ背景として描いている。東京生まれの私ができなかった手塚論をきちんとやってくれた労作で、基礎文献といっていい。

　いま一つは聞き手、石子順による語り下ろし『手塚治虫　漫画の奥義』。石子順という評論家は、呉智英が指摘するごとく色々問題があり、本当はあげたくない。が、ここでの手塚はまるで急ぐように自分と漫画の歴史を語り、迫力がある。亡くなる直前の取材だったのだ。敗戦後、見事なほど規制が解かれた時期があり、まるでマンガのルネッサンスだったと語っているのが印象的だ。

　三冊目は手塚るみ子『オサムシに伝えて』。手塚治虫を父にもった娘の、いわば手塚家の内側からみた手塚像である。手塚の死の床で、息が止まるたびに「息して！」と叫ぶ娘と、最後に「もういいの」と止める夫人の挿話は涙なくして読めない。

　これで一応三冊だが、手塚という人物の多面性、作品や影響の広がりは、とても三冊に収まらない。私の著作『手塚治虫はどこにいる』『手塚治虫の冒

①手塚治虫のタカラヅカ（中野晴行著／筑摩書房）＊1
②手塚治虫　漫画の奥義（手塚治虫、石子順著／手塚治虫漫画全集別巻9／講談社）＊2
③オサムシに伝えて（手塚るみ子著／太田出版）
※③は立東舎文庫版あり

険』に加え、石上三登志『手塚治虫の奇妙な世界』、マンガ版手塚伝記の伴俊男＋手塚プロ『手塚治虫物語』、図版中心の豪華資料本の手塚プロ『手塚治虫全史』を加えれば、まずは一通りといったところか。

そんなわけで、まことに変則で申し訳ないが、読者は以上のうちから三冊を好みで選んでいただきたい。

（2001年10月7日）

手塚治虫の3冊②

関川夏央・選

①火の鳥　全13巻（角川文庫）
②ブラック・ジャック　全22巻（講談社『手塚治虫漫画全集』）＊2
③グリンゴ　全2巻（小学館文庫）＊2

31世紀、荒れ果てた月面で猿田博士は一体の旧型ロボットを拾った。手塚治虫の大長編『火の鳥』のうち「復活編」である。

その不恰好《ぶかっこう》なロボット「ロビタ」は、25世紀には人間だった。人間であることに絶望した青年が、身体をあえてロボットにかえてもらったのだ。それはやがて何万と複製され、人間のための労働をこなした。

そんなロビタが子供たちに好かれたのは、人間であったときの記憶をかすかにとどめていたからだ。チャンバラ遊びや千代紙細工を知っている。機嫌がよければ鼻歌をうたう。ときにロボットらしからぬしくじりをする。

「非人間的」な扱いに抗議してロビタが集団自殺したのも、人間時代の記憶「自尊心」のためである。月面上のロビタは、残酷な主人を殺した。そして、その「罪の意識」ゆえに自らの動力を切断したのだ。

一方、猿田博士は「火の鳥」によって永遠の生命を与えられた人、「死ねない」不幸を背負った人である。そんな「ふたり」が友情を結び、宇宙の絶対的孤独をともに旅することになる。

彼らは「異形の人」である。天馬博士につくられ失敗作だと捨てられたアトム、ブラック・ジャックの助手ピノコ、それにブラック・ジャック自身、みなそうだ。

「人間とは何か」「人間性とは何か」を考えるとき、

手塚治虫は「人間ならざるもの」、あるいは「異形の人」をあえて主人公として、逆方向から問いかけたのである。

のちに彼の主題は「日本人とは何か」におよんだ。白人主導の20世紀にあって、「異形」である日本人を相対化する試み『グリンゴ』は未完に終わったが、最晩年まで果敢・貪欲・多産でありつづけた手塚治虫こそ、「昭和最大」の名に値する表現者だと私は思っている。

（2009年1月11日）

II　わたしを作った本

北杜夫・選

トーマス・マン

①**ブッデンブローク家の人びと**（望月市恵訳／岩波文庫）
②**トニオ・クレーゲル・ヴェニスに死す**（高橋義孝訳／新潮文庫）
③**魔の山**（関泰祐、望月市恵訳／岩波文庫）

『ブッデンブローク家の人びと』。マンの初期の長編である。北ドイツの地方都市の由緒ある一商家の歴史を四代にわたって描く。一家は最初は粗野でも生活力がある。段々と時代を経ると洗練されてくるが生気に乏しくなる。そして芸術性が加わるとますますひ弱になり、最後に生れたハノオ少年は音楽のみを愛するカゲロオのごとき存在となる。彼はチフスで死に、かくて歴史ある商家も幕を閉じる。リューベックにそのモデルとなった家が残っており、ずっと国民銀行となっていたが、先年マンとその兄であるハインリッヒ・マンとの記念館となった。

『トニオ・クレーゲル』は日本の作家の多くが若い頃に愛読した中篇である。幼児から詩など作っていた少年トニオは、初めは金髪碧眼の少年ハンスに魅かれ、次に同じく金髪碧眼の少女インゲを愛する。だがすぐに、自分と彼女は話す言葉も違う、まったく違う人種であるとさとらざるを得ない。つまりこれは「精神」と「生命」、「芸術家」と「俗人（健全な市民）」との対立命題を探る作品なのだが、若きマンは決して前者をより気高いものとしているのではなく、芸術家とはなにかいかがわしい緑の馬車に乗ったジプシーのごとき存在、そして市民に対しては多少のあなどりを抱きながらもずっと憧れの目で見

つめている。

『魔の山』。マンの最高作と思われる。スイスの結核療養所を舞台にする一大思想小説である。旧制高校生で読んだときは、セテムブリーニとナフタの論争などは難解で、飛ばし読みしたものだったが、マンボウ航海の時たっぷりある時間の中で読むと声に出して笑ったものだった。主人公ハンス・カストルプが雪山で吹雪にあい生死の境い目で見る「夢」は美しく同時に恐ろしい。まさしく人間、人類の根元をさぐる夢であった。やがて大戦が起りカストルプは「魔の山」を離れ、砲煙の立ちこめる中へ消えていく。

（2003年7月13日）

丹羽文雄

吉村昭・選

①鮎（『新潮日本文学28　丹羽文雄集』所収／新潮社）＊1

②厭がらせの年齢（『新潮日本文学28　丹羽文雄集』所収／新潮社）＊1

③もとの顔（講談社『日本現代文学全集第87巻』に所収、のち集英社文庫『母の晩年』など）＊1

先月、百歳という高齢で亡くなられた丹羽文雄氏は、小説を書く私にとって恩師である。直接私の作品を読んで下さったわけではないが、氏が費用を負担しておられた同人誌に、作品を発表させていただいたことから、師と仰ぎ見ている。

小説家の処女作は、その作家のすべてをしめしているという説があるが、氏の処女作とされている『鮎』は、まさしくその説通りだと思う。この小説は、氏が四歳の折に、旅廻りの役者を追って出奔した母のことを書いているが、その後母は、ある男の世話になり、大学に通うようになった氏は、母と時折り会う。母は、世話になっている男の執拗さを嫌って会うのを避け、それに失望した男は自殺する。母の家の前を男の葬列が過ぎる。それを平然とながめる母を描くことで、この作品は終っている。

この作品で氏は、母を妖艶な一個の女としても見ている。この錯綜とした意識が、氏のその後のおびただしい作品に、陰に陽にあらわれている。

氏は、フィクションを創作する旺盛な才質に秀でていて、数多くの作品を書き遺したが、その一つに『厭がらせの年齢』がある。実の娘にも忌避されるような老婆の陰湿な醜さが、徹底的に描き出されて

いる。今ほど老人問題が叫ばれていない頃で、時代を予見した作品として高い評価を得たが、これらの作品には当然のことながら世相の描写が不可欠で、世相は時間の経過とともに急速に変化し、氏の諸作品もその波にさらされる傾きがある。
最後に『もとの顔』という短篇をあげたい。それは『鮎』に描かれた母の臨終を描いた私小説だが、私は、この作品に文学者としての氏の神髄を見る。冷徹な氏の眼が、みじろぎもせず母の息が絶えるのを見つめている。それは恐しいほどの冷静さで、この一作のみでも、私は作家としての氏に敬意をいだく。
（2005年5月8日）

児玉清・選

シュテファン・ツヴァイク

①人類の星の時間（片山敏彦訳／みすず書房）
②ジョゼフ・フーシェ（吉田正己ほか訳／みすず書房）＊1
③チェスの話（大久保和郎訳／『ツヴァイク全集』3巻所収／みすず書房）＊1

人間の神秘、人生の不思議とか、運命や宿命といった言葉になにやら猛然と興味を覚えるようになったのは、高校生となって暫くして出逢った、オーストリアはウィーン生れのユダヤ系作家、シュテファン・ツヴァイクの『人類の星の時間』がきっかけであった。十二人の歴史上の著名な人物に光を当て、その人物が体験した人生の転機、まさに運命を分けた瞬間を作者独自の鋭い視点で捉えたドキュメント物語は、人間の摩訶不思議さを、また人生の科学では割り切ることのできない神秘的なものを見事な筆致で浮き彫りにしていて、その面白さに、それこそ総毛立つような興奮と感動を覚えたものだった。

例えば、間一髪銃殺刑を免がれたロシアの文豪ドストイェフスキー。もし皇帝《ツァー》の死一等を減ずるという早馬の使者の刑場への到着が数秒遅れていたら、彼の命は終っていて、さすれば、あの『罪と罰』もこの世に存在しなかったであろう。と、ツヴァイクは語る。ツヴァイクがテーマとした人間の運命を左右する、魔神的なものとは一体何なのか…。

以来、彼の虜となった僕は、不測の事態が出来する人生の意外性とその必然性に、恰《あたか》も天の啓示を受けたかのような衝撃を受けたものだった。

特筆すべき作品は、フランス革命とその後の政変の時代を、稀代の知恵と術策で乗り切った「警察長官」フーシェをツヴァイク独自の心理分析を加えて浮き彫りにした伝記的小説『ジョゼフ・フーシェ』と彼の絶筆となった中篇小説『チェスの話』。ナチスに軟禁されたユダヤ系の貴族が、ひょんなことからチェスと遭遇し熱狂し、やがてチェスの世界選手権者とブラジルの豪華客船で一戦を交える物語は、知的な人間の数奇な人生を描いて滅茶面白く、しかもツヴァイク自身の姿と重なりあって最高に僕の心を捉えた一冊なのだ。

（2005年11月27日）

堀江敏幸・選

菅野昭正

①不滅（ミラン・クンデラ著、菅野昭正訳／集英社文庫）

②詩の現在　十二冊の詩集（集英社）＊1

③ステファヌ・マラルメ（中央公論新社）＊1

フランス近代詩の専門家にして、ナタリー・サロートやクロード・シモンのような「ヌーヴォー・ロマン」としてまとめられる書き手から、ミラン・クンデラ（上記『不滅』）やル・クレジオ、フィリップ・ソレルスにいたる現代小説の翻訳紹介者。現在活躍中の仏文学の徒で、菅野昭正という名の付された本のお世話にならなかった者はまずいないといっても過言ではないのだが、同時にまた氏は、日本の近・現代作家全般を見渡し、論じうる文芸批評家でもあって、永井荷風や横光利一に関する著作があるかと思えば、具体例につきながら鳥瞰的な視野を示す膨大な「時評」の蓄積がある。

それら広範囲にわたる巨大な仕事からまずひとつを抜き出すとすれば、『詩の現在　十二冊の詩集』になるだろうか。まだ季刊だった現「すばる」創刊号からの連載をまとめた箱入りの小ぶりな本で、精緻な論理と若々しい文章の勢いがうねるように絡まりあい、現代詩集というなかなかとりつきにくい世界への扉を開いてくれる。読者の目の前で詩的な言語がいかに生まれ、いかに成立していくのかを、詩行に寄り添い、さかしらな文芸用語などいっさいぬきに、それじたいひとつの運動として語り尽くす。

これほど精巧で柔軟な読解が、どうしたら可能になるのか。その光源を知るには、大著『ステファ

ヌ・マラルメ』をひもとけばいい。難解で知られるこの詩人の作品を徹底的に読み込み、しかも人の血を凍らせることのない散文。十九世紀フランスの青年英語教師がいかにして言葉の海に測鉛をおろし、蒼穹に羽ばたく詩人となっていったか、その誕生の瞬間「まで」を追い、「あと」をあえて追わないこと。途方もない「前篇」として閉じられているがゆえに「全篇」ともなりうるという文学の秘蹟を示してくれる。分冊でもいいから、文庫にならないものだろうか。

（2006年3月26日）

中江有里・選

遠藤周作

①**砂の城**（新潮文庫）
②**わが恋う人は　上・下**（講談社文庫）＊1
③**深い河**（講談社文庫）

自分は何のために生まれてきたのか、そんな疑問を抱いたのは高校一年の時だった。仕事を始めるために単身上京したが肝心の仕事はなく、演技やダンスレッスンでも一、二を争う劣等生だった。気づけば冒頭にある疑問が頭の中で暗雲のごとく垂れこめた。そんな時遠藤周作氏の『砂の城』と出合った。

仲の良い主人公三人がやがてバラバラの道を歩み、砂の城のようにはかなく波にさらわれ跡形もなく消えゆく青春小説だ。特に印象に残るのは、主人公の一人の亡き母が残した手紙にある「美しいものは決してなくならない」という言葉だった。これから戦場に向かう恋人からの最後のメッセージを未来の娘に託した母の思いは、過去も現在も未来までもひっくるめた希望の奥行きを感じた。人は未来を夢見て、過去を後悔しながら、今を生きるしかない。駄目でもみっともなくともこの自分で生きるしかない。何のために生きるのかではなく、とにかく生きて何をすべきかを探そうと覚悟が決まった。そうして遠藤作品のとりこになったわたしは、その深みに身を沈めていく。

『わが恋《おも》う人は』は、四百年の時を越え女雛に託された呪いにも近い女の愛の物語。この女雛を手に入れた人々は女の呪いによりやがて破滅する。しかし恐ろしいはずの女雛が時折流す涙に心を揺り動かさ

れずにはいられない。むしろ四百年前の女の情念に操られる現代の人々の欲望ばかりがさらけ出され、「これって自分のことかも」とわが身を振り返る。

『深い河』は、ほんの遊びで人をおとしめた、妻をないがしろにしたまま亡くした、やむを得ず人肉を口にした……取り返しのつかない後悔を胸に秘めた人々が救いを求め、インドに集う。深い河・ガンジスは死体を清め、また人々の罪を洗い流す沐浴にも利用される。生と死、善と悪、全てを包み込みながら、生まれ来る次の命を待ち受けて流れていくのだ。

（2006年4月2日）

保坂和志・選

小島信夫

①**抱擁家族**（講談社文芸文庫）
②**うるわしき日々**（講談社文芸文庫）
③**残光**（新潮社）＊1

まず最初に確認しておきたいのだが、『別れる理由』は小島信夫の代表作ではない。あの小説は十二年半という連載期間の長さなどで、作家としてのイメージを決定的なものにしたが、「何をおいても読まなければならない作品」ではない。小島信夫は初期から特異な作風ではあるが、それでもまだ全体としては普通だったわけで、その作家が途方もない「唯一無二な小説家」へと変貌していくための修行か筋トレのような役割を果たしたのが『別れる理由』だった。つまり、その後に書かれた作品群の方が断然、途方もない。

しかし、その後に書かれた作品だって、絶版だらけで読めない？　それは確かなのだが、それでも『うるわしき日々』と後期作品集『月光・暮坂』と今年出版された『残光』がある。それプラス、『別れる理由』以前の『抱擁家族』と初期作品集『殉教・微笑』を併せれば、合計五冊、現在入手可能な本がある。

どの本も最低でも三回は読むに値するから十五冊分に相当する、なんてことはともかく、絶版を復刊させるにはまずは当面入手可能な本を買うところからしか始まらないのではないか？　今ある本が売れ

ずに残っているのに、絶版を復刊させようなんて出版社は考えない。だから、まずは今読める本を買う。それしかない。そうして、いつか『私の作家遍歴』『寓話』『漱石を読む』等々、本当の代表作が読める日が来るのをみんなで待とう。
　小島作品の魅力とは何か？　普通の小説が線でしかないのに対して、小島作品は面として展開する。一文一文が異様にリアルな感触で迫ってくる。読者は読みながら、作品世界から離れて自分自身の過去まで考えてしまう。しかし、じつはそれもまた作品の一部として織り込み済みなのかもしれない。小島作品は底知れず深く広く、同時に病的に快活で、読者の生身の現実に向かって開かれている！

（２００６年11月19日）

池澤夏樹・選

カート・ヴォネガット

①猫のゆりかご（伊藤典夫訳／ハヤカワ文庫）
②スローターハウス5（伊藤典夫訳／ハヤカワ文庫）
③ローズウォーターさん、あなたに神のお恵みを（浅倉久志訳／ハヤカワ文庫）＊2

カート・ヴォネガットが亡くなったと聞いて、一つの時代がこれで完全に終わったと思った。若い人たちが声を発する時代。今はひきこもりばかりだ。

彼は圧倒的に若者の作家だった。アメリカ文学に特有のイノセンスが彼にはあった。若者は社会のありかたについて疑問を突きつけ、改革を夢見る。だから彼はアメリカに社会主義を、と言った。

言ってみれば明るいペシミスト。第二次大戦の捕虜経験と冷戦の非情な論理を見て人間性に絶望するけれども、その絶望を手を替え品を替え、陽気に、愉快に、皮肉に、ＳＦを使い、寓話を使い、とんでもないストーリーを考案して、苦い笑いと共に語る。

『猫のゆりかご』は世界破滅の物語だが、ここで彼が書いたボコノン教という奇妙な新興宗教がおもしろい。人の世を動かす原理として教祖ボコノンが提案するのはたとえば「フォーマ」すなわち「無害な非真実」であり、「カラース」という「神の御心を行う人間たちの無自覚なチーム」であり、その軸は「ワンピーター」と呼ばれる。賛美歌はカリプソ。

細部の豊穣がヴォネガットだ。平均二ページちょっとの短い章を百以上重ね、話題はあちこちへジャ

ンプする。

『スローターハウス5』は作者が第二次大戦中に捕虜としてドレスデンで体験した悲惨な大空襲を主題にしている。しかし話は、トラルファマドール星人という宇宙人に誘拐された実に冴えない男の思索と行動というもう一つの軸に沿って展開される。SF化された自伝が可能だとすればこんなものになるだろう。

『ローズウォーターさん、あなたに神のお恵みを』は、富豪に生まれついたことを悔やみ、それと誠実であることを両立させようと必死で奉仕活動をする男の話。常識のある人々には彼のふるまいはすべて狂気の沙汰と見える。だが、狂気は社会の側にこそある。

（2007年5月27日）

松井今朝子・選

三遊亭円朝

①**怪談 牡丹灯籠**（岩波文庫）
②**円朝全集 全13巻**（鈴木行三編／世界文庫）＊2
③**三遊亭円朝**（永井啓夫著／青蛙房）

二葉亭四迷が日本初の近代小説『浮雲』を書くに当たって、先輩の坪内逍遙は、三遊亭円朝の人情噺《ばなし》を参考に言文一致を目指すようアドバイスした。江戸時代の文芸は、戯作のごく一部を除いて口語体とは無縁だし、歌舞伎の台本も幕末に至ってほぼ七五調に整えられたから、当時ふつうの話し言葉に最も近いのは落語だったというわけだろう。

彼の口演は西洋に倣って考案されたばかりの速記術をもって活字になっている。今に残る『怪談 牡《ぼ》丹灯籠《たんどうろう》』は明治十七年の口演に拠《よ》るもので、幽霊に好かれる二枚目の萩原新三郎が時に「君」「僕」といった明治調のしゃべり方をするのは面白い。ストーリー自体は江戸中期の設定で、幽霊の件は中国小説を翻案した浅井了意の「牡丹灯籠」を借り、後半には近松半二の浄瑠璃を彷彿《ほうふつ》とさせる趣向が見られる。これに限らず円朝の人情噺には旧劇の焼き直しが多々あるが、鋭い人間観察と入念な調査に基づいた細部の描写によって、登場人物が類型を脱し、リアルに立ちあがっているので、逍遙らの鼻をくすぐった近代文芸の香りがするのは確かだ。散らかした筋を丹念に紡いで、きっちり辻褄《つじつま》を合わせた結末に導く手腕も実にみごとで、そこには粘着気質の几帳面《きちょうめん》さといったものが窺《うかが》える。

彼の人となりは本人の話を新聞記者の水澤敬次郎が書きとめた「三遊亭圓朝子の傳《でん》」や、周囲の人から集めた「圓朝異聞」によって知られ、いずれも『円朝全集』に収録されている。それらを大幅に補足して今日にわかりやすい評伝としたのが永井啓夫著の『三遊亭円朝』だ。

後年は人格者として知られた彼に、朝太郎という不肖の息子がいたのは「圓朝異聞」に明らかだが、この人物は新たな創作意欲をかきたてる魅力があるようで、古くは小島政二郎の小説『円朝』で大いに活躍し、最近では辻原登の『円朝芝居噺夫婦《めおと》幽霊』にも登場している。

（2007年11月18日）

中村文則・選

ドストエフスキー

①**地下室の手記**（江川卓訳／新潮文庫）
②**悪霊　上・下**（江川卓訳／新潮文庫）
③**カラマーゾフの兄弟　上・中・下**（原卓也訳／新潮文庫）

一八二一年のロシアに生まれ、若くして母を亡くし、父は農奴に殺されている。空想的社会主義に傾倒し逮捕され、銃殺の直前に特赦ということでシベリアに流刑。癲癇《てんかん》の発作にも苦しめられたし、賭博《とばく》狂でもあったし、大変な女性好きでもあった。妻を結核で亡くし、生まれたばかりの娘を亡くしたこともあった。僅《わず》かな電報料を得るため自分のズボンを質に入れなければならないほど、貧困のどん底も経験した。とにかく大変な一生を送った人だけど、その困難な人生の中で、数々の名作を書き上げた。世界と人間を見つめ続け、その光と闇の深部は圧倒的に深く、作家に限らず、時代を超え様々な芸術家達にも多大な影響を与えている。

僕は彼の小説が好きでたまらないので、公平なエッセイは書けない。人類史上、最高の作家の一人だと断言したくなるほどだ。彼の小説を読んでいなかったら、作家になっていたかどうかわからない。

大学生の時、『地下室の手記』を読んでから、彼の虜《とりこ》である。小説の枠に限らず、人間をここまで徹底的に掘り下げたものがあるのかと驚いた。この作品はジッドによって「ドストエフスキーの全作品を解く鍵」と称されたが、これはまさに上手《うま》い表現で、ドストエフスキーを読むならまずこれをお勧めし

たい。
あとの二冊として革命を描いた『悪霊』と、神と人間を描いた『カラマーゾフの兄弟』を挙げた。『悪霊』は特に「スタヴローギンの告白」の章が圧巻だし、『カラマーゾフの兄弟』は、ただただ見事である。学生時代に読んだ新潮文庫版は、もう何度読み返したかわからない。
ドストエフスキーは、日本人にも親しみやすい。読んでいて異国という感じがそれほどない。彼の描く内省的な登場人物達が、日本人のナイーブさに響くのかもしれない。
（2008年3月9日）

青野聰・選

ノーマン・メイラー

①**裸者と死者**（山西英一訳／綜合社編『世界文学全集』44巻所収／集英社）＊1

②**アメリカの夢**（山西英一訳／『河出世界文学大系』99巻所収／河出書房新社）＊1

③**鹿の園**（山西英一訳／新潮文庫）＊1

文体が魅力の闘う作家だった。アメリカに起きていること、人間のこころに起きていること。いまだ書かれていないことをみつけると、材料をあつめて豪快に嚙《か》み砕いていく。その顎《あご》の強さに、ことばでいいつくせないことはなにもないという強い信念があらわれている。

著作物のどれにも現代のヒーローが躍動しているのが特長だ。それぞれの像はねじれをふくんで複雑である。社会とむきあって現実の出来事に対応した発言に力をそそいだ結果、ノンフィクションの仕事がふえる一方で、小説のほうが停滞したのがもったいない。

日本軍に占領された無人島にアメリカ軍が攻めこむ、その部隊を描いた『裸者と死者』をまずあげる。登場する人物のひとりひとりのなかに作者がはいっていくスタイルで書かれた広々とした物語で、耳もとを弾丸がかすめて首をすくめることはあるかもしれないが、読者は身の安全を保証されている。従軍する楽しみを存分にあじわえる。負け戦の体験を書いた日本の小説を読んできた人は、さらに上空から双方を眺めやることができる。わが軍はこういう人たちを敵にまわしていたのかという発見が副産物。メイラーはこの一作によってスターになった。

自己のありようをみつめることになって、二作目からはどの作品も一人称で語ることになる。全体をみわたす肉体のない視点から、肉体のある個人の目へ。その移行を方法としてとりこんだ『鹿の園』は、アメリカをハリウッドの愛と性にしぼりこんだ実り豊かな名作。大きな小説とはこういうのをいう。いわば舞台の上手と下手にわかれていく二人の男のやりとりには、おもわず傍線をひいてしまう美しく深い箇所《かしょ》が多々ある。

もう一冊は殺人をおかしながら権力のからくりで生きのびる男がヒーローの『アメリカの夢』を選ぶ。性の高揚と生の更新と愛の成就はひとつ。そういいつづける伝道師の顔がみえてくる。

（2008年2月3日）

加賀乙彦・選

大岡昇平

①**野火**（新潮文庫）
②**レイテ戦記　上・中・下**（中公文庫）
③**花影**（講談社文芸文庫）

大岡昇平といえば『野火《のび》』だ。これは間違いない。老兵が敗残の身になって逃げ回る姿が、彫刻のように硬く彫り込まれた文体で書かれている。

『俘虜記《ふりょき》』（新潮文庫）の事実性がそげ落ちてしまい、完全な小説に昇華した。事実の描写ではなく、文章が事実を突きつけてくる。書かれたことは、事実よりも、もっと現実味を帯びてきて、読者の頭から去っていかない。それほど文体が力強かった。つまり、事実は消えても文体はそっくり残って古びていかない。

すると『野火』に連結するのはどの作品だろう。題材から言えば『俘虜記』だが、しかし、淡い記憶の海に溶けて無くなってしまう感じだ。もう一つは『レイテ戦記』だ。戦争物としてはたしかに近い。が、この戦記には、誰にもできない敵味方の二重性がある。数多くの戦記が戦後に出て、これこそ事実だと吹聴したのが、ほとんど消えたあとに『レイテ戦記』が厳として存在している。血みどろの戦争に参加した人々の、将軍兵士敵味方の嘘話《うそ》が、嘲笑《ちょうしょう》され否定されたあとに、無残な戦争だけが文章として立っている。つまり、あれはほとんどの戦記を否定したあとに文章の戦争が、とてつもない記念碑とし

てそそり立っている。
　では三つ目は？　面白いのは『武蔵野夫人』（新潮文庫）、小説としての質では『花影《かえい》』。そして『野火』の文体が、陰湿な銀座のマダムに復活してくる。恋愛を真っ正面から描いた青春物語より、中年の不倫をきっかりと描いた作品のほうが強烈なエロチシズムを発散する。こういう小説を一つでも書けたら、その人は永遠の作家だ。改めて大岡昇平のすごさを、私は思う。没後二十年なんて何でもない、さっさと時よ去れ、文学のほうが永遠性がずっと高いのだから。

（2009年3月8日）

太田光・選

太宰治

①右大臣実朝（『惜別』所収／新潮文庫）
②お伽草紙（新潮文庫）
③駈込み訴え（『走れメロス』所収／新潮文庫）

太宰治に出合ったのは、中学生のときに読んだ亀井勝一郎の人生論『青春について』（旺文社文庫など）の中だった。太宰とも共通する「偽善」という概念を初めて知り、衝撃を受けた。つまり、俺《おれ》が今までいいと思っていたことは俺の嫌らしさだったんだと気付いたのだった。

『右大臣実朝』は、まさに太宰の職人的な技術と創作的な魅力が結集した作品だ。実朝のキャラクターは、太宰が理想とする姿。『駈《かけ》込み訴え』のキリストもそうだが、無垢《むく》であるがために残酷な、太宰とは正反対の姿。それを、『吾妻鏡《あずまかがみ》』という史料を基に豊かな想像力を発揮して描いている。

そして最も得意としたのが『お伽《とぎ》草紙』の分野だ。『走れメロス』や『新ハムレット』など、もとの作品があってパロディー化する手法。みんなが「これはおかしい」と思いながら、教訓話だからと目をつぶっている部分をあえて突き、現実性を持たせて喜劇として成立させた。アクロバティックとも言える離れ業だ。

『駈込み訴え』は、ユダの言い分を書きながら決してキリストを汚さず、宗教の美しい部分と残酷な側面を描いている。キリストがユダの口にパンを押し当てるシーンなど、今読むと、ユダの悲しいまでの

滑稽《こっけい》さに笑ってしまう。

この年になって太宰を読むと年齢的にも「あほくせーな」と思ったりする。青いし、言っていることも泣き言ばかりだ。生誕80年を迎えた向田邦子と比較すると、向田の「大人の部分」に驚く。太宰はおしゃべりだから、思ったことを全部口にしちゃう。向田はぐっと自分の中で殺し、それでも生きていくという覚悟がある。

だから、自殺しないで経験を積んで、大人になった太宰の作品を読んでみたかった。未完の『グッド・バイ』、完成したらどうなっていただろうか。

（2009年6月14日）

花田清輝

池内紀《おさむ》・選

①**復興期の精神**（講談社文芸文庫）

②**七《なな》・錯乱の論理・二つの世界**（講談社文芸文庫）＊2

③**室町小説集**（講談社文芸文庫）＊2

いま、ある世代以上の人で、若いころ花田清輝に「いかれ」た人が結構いるのではあるまいか。目を輝かして読みふけり、ある個所は記憶に刻みつけた。多くを学び、そしてその影響から脱出するのに苦労した。

①批評家花田清輝はこれによって出発した。ダンテ、レオナルド、ポー……。連作エッセイは戦争下に「ルネッサンス的人間の探究」のタイトルで発表され、戦後すぐ本になった。それぞれが独立しながら、もつれ合い、からみ合って、一つの主題を展開していく。すなわち「転形期にいかに生きるか」。おそろしくペダンチックに遠い素材を使いつつ、著者の目が同時代にそそがれていたことはあきらかだ。

②には戦中から戦後数年にかけてのエッセイを収めている。つまり人みなが、とりわけ知識人が慌しく衣裳《いしょう》替えをしたなかで、花田清輝は少しも変わらず自分の流儀で書いてきた。「作家においては、対立物がせめぎあう、その点に意味がある。さもなくては、そもそも作家とは無意味である」。「二十世紀における芸術家の宿命」は太宰治の死の直後に書いた、もっとも早い本格的な太宰論である。

③花田清輝の死（一九七四年）の前年に出た。乱世の室町時代をとりあげ、そこにルネッサンス的精

神の躍動をレトリカルに描き出した。とびきり技巧的な語りなのに意味は明快で、人を変えるたびに万華鏡のように一変しながら、くっきりと同時代の肖像を描いていく。
どのエッセイもおシャレなのは、書く技術がすぐれていたからであり、皮肉っぽいのは歴史そのものが――とりわけ大きな変動期には――ことのほか皮肉にみちているからであり、終わり方が鮮かなのは、作者に確固とした文体美学があったからだ。これだけの「宝物」を絶版のまま眠らせておく手はなかろうと思うのだが。

（2009年7月19日）

佐伯一麦・選

庄野潤三

①プールサイド小景・静物（新潮文庫）
②夕べの雲（講談社文芸文庫）
③陽気なクラウン・オフィス・ロウ（文藝春秋）＊1

九月に亡くなった庄野潤三は、良質な読者たちに恵まれた作家だったと言えるだろう。特に、子供たちが成長して家を出て、老夫婦だけとなった郊外の山の上の暮らしぶりを描いた〝夫婦の晩年〟シリーズに、老いの理想の姿を見た人も多かったと聞く。

だが庄野氏は、人が羨《うらや》むような平安な生活に安住していたのだろうか。晩年の表現の底にあったものは、人が生きていく上では不快なことが起こらない訳《わけ》はないけれども、それを取り上げて大げさにするのではなく、それを鎮めて、幸福の種子の方を探して表現することにのみ心を砕く、という苛烈《かれつ》な生の意志であったように思われる。幸福の種子を見つけるための方法の一つを、氏は定点観測に置く。自宅で得られる身近な何気ない発見、例えば、庭の草花の開花や渡り鳥の発見に出会うことで「うれしい」という感情が引き起こされる。そこにも、たとえ同じ花であっても、「年々歳々花相似《ハナアイニタリ》、歳々年々人不同《ヒトオナジカラズ》」という一回性の懐かしさの思いがこもる。その一瞬をとらえるために、庄野氏は、花が咲かず、鳥の姿も見えない多くの日々にあっても、退屈せずに同じ姿勢で辛抱強く待ち受け続けていたのである。

①の『プールサイド小景』は、芥川賞を受賞した初期の代表作。働けば豊かになるというサラリーマ

ンの生活が実は幻影に突き動かされていることを、庄野氏は高度成長期前の昭和二十九年に予感として既に描いていた。②は最も愛着のある作品と作者自身が述べている作品。丘の上に一家五人が暮らすようになった最初の数年の生活が描かれており、〝夫婦の晩年〟シリーズのみなもとにもあたる。③は、庄野氏が決定的な文学的影響を受けたイギリスのエッセイスト、チャールズ・ラムの生地を訪ねた十日間の紀行記。選者にとっても、本書を手にラムゆかりの地テムプルを探訪した思い出深い本である。

（2009年11月1日）

佐藤良明・選

J・D・サリンジャー

①THE CATCHER IN THE RYE（講談社英語文庫）

②ナイン・ストーリーズ（柴田元幸訳／ヴィレッジブックス）

③サリンジャーを追いかけて（ポール・アレクサンダー著、田中啓史訳／DHC）＊1

映像や音楽以上になまのハートをつかむ言葉というのがある。サリンジャーは人の心の柔らかい内奥を言葉でまさぐる名手だった。半世紀以上も前の高校生の独白である①は、国境を越え、時代を超え、古典になってなおカルト性を失わずに売れ続けている。聖書以外にそんな本はまれである。

この作家が残した、ノヴェルと呼べる長さの作品は①だけ。日本では『ライ麦畑でつかまえて』（白水Uブックス、野崎孝訳）、『キャッチャー・イン・ザ・ライ』（白水社、村上春樹訳）の二つの訳が出ている。一番のお奨《すす》めは、しかし原著だ。精神的に追い詰められた十六歳が必死にしゃべり続ける口語文は、ちょっとした癖に慣れれば、英語好きの日本人にぜったい通じる。名訳との対訳で読むことで、心にしみる、贅沢《ぜいたく》な会話教則本となるだろう。

読み比べたわけではないが、②は昨年日本で出版された短編物語集のうちもっとも美しい一冊だろうと僕は信じる。外国の、静かな景色のなかで微妙に動く心、その緊張感を日本語に運び込むのがこの訳者はほんとうにうまい。

サリンジャーは、九一年間の人生の後半四五年を一作の短編も発表せず、自分に群がろうとする人た

ちを嫌らって過ごした。いわば作家としての自分を殺して生きていた。だから本人の死をもって、新たな作品供給が始まるだろうという希望的観測がある。遺族が裏切って「新作ラッシュ」という展開もあり得るのか？　現時点でのベスト選びは、時期尚早なのだろうか？
サリンジャーという人物の謎そのものが人気を呼んで、暴露本に近い本も出ているが、そんな中で③は、その繊細な作品世界を作家の実人生によって説明する好著。サリンジャー研究のベテランによる訳文も明晰《めいせき》である。
（2010年2月28日）

外山滋比古・選

内田百閒《ひゃっけん》

①百鬼園《ひゃっきえん》随筆（新潮文庫）
②贋作《がんさく》吾輩《わがはい》は猫である——内田百閒集成8（ちくま文庫）
③第一阿房《あほう》列車（新潮文庫）

編集している雑誌を校了にしたその足で、あてもない小旅行の駅へ向った。途中、本屋で退屈しのぎの文庫本を買った。内田百閒『百鬼園随筆』である。それまでも気にかかってはいたが百閒ははじめてだった。

読んでおどろいた。こんなにみごとな文章にふれたことはないと思い、夢中になる。旅行から帰るとさっそく同じ文庫の『続百鬼園随筆』を手に入れて没頭。そのあと、角川文庫『百閒随筆』の1、2、3を立て続けに読み、ついで『第一阿房列車』『第二阿房列車』『第三阿房列車』の三冊を読む。しめて八冊、当時手に入った文庫本のすべてだった。

読み了《お》えるとすぐまた同じ順で読み返した。終るとまた同じことを繰り返す。一年で二まわり半ぐらいの速さである。読み上げると裏表紙の内側に日付と何回目かを記入する。その数字のふえるのが楽しみであった。ずっと後になってからみると自分でも信じられないほどの回数である。

それまでも私は小説より随筆を喜び、内外の随筆に親しんだ。イギリスではロバート・リンドが好きだった。日本語では学生のころから寺田寅彦に傾倒、やはり何度も読んだ。文章より、ものの見方、考

え方について深く教えられたような気がする。

百閒の随筆は、まず、文章である。明治以後の散文でこれほど洗練され、美しいものはないと信じている。いわゆる名文などといわれるものではなく、独自のユーモアをたたえている。まさに天才的、他の追随を許さない。どこだったか忘れたが、自分はおもしろく書こうと思って書くのではない。おもしろくても知りませんという文章を書いている、という百閒のことばにつよい感銘を受けた。

初期の文章には小説の香りがするけれども、だんだん随筆の味が深まる。『阿房列車』にいたると天衣無縫、風のように自由、飄々《ひょうひょう》として読む者の心を和ませる。新しい散文がはじまっているように感じられる。

随筆とは別にエッセイということばが一般化したのは百閒没後のことであるけれども、百閒はひと足さきにエッセイの先駆であり、いまのところ後に続くものがない。

さきのような読み方をした人間だから、三冊に絞るのはつらいけれども、あえて、表記の三冊をあげる。

（2010年6月13日）

角田光代・選

開高健

①**輝ける闇**（新潮文庫）
②**最後の晩餐《ばんさん》**（光文社文庫）
③**一言半句の戦場——もっと、書いた！もっと、しゃべった！**（集英社）

開高健作品にはじめて出会ったのは小説書きを仕事にしたあとだが、書くという行為について私はこの作家にもっとも影響を受けていると思う。この作家を知らなければ書くことはもっとたのしい作業だったろうと、いつも思う。それは後悔ではない。たのしい作業でないと知ることは、私にとって幸福なことだった。

①は私がはじめて読んだ開高健作品。みずから取材したベトナム戦争の壮絶な体験を元に書いた、ルポルタージュ小説である。読んだ場所が旅先のベトナムだったということもあって、私はいっぺんに小説世界に取り込まれた。見て、見極め、さわり、つかみ、また見て、それを何ひとつ漏らさず失わず、言葉に還元していく。なんと真摯《しんし》に誠実に、目の前にある真実と、言葉と、人間と、格闘しているのかと驚いた。今も読み返すたび、驚いてしまう。

②は随筆。小説と同じく、これまた作家は対象とがぶり四つに向き合っている。戦時下に飢えた少年期を送った開高健は、生涯「食」にこだわった。おいしいものをただ羅列していくような、柔《やわ》な本ではない。飢え、食人、排泄《はいせつ》、食という人の営みにまつわるタブーも汚れもぜんぶ書く。やわらかい食べも

のに慣れきった私たちは、読むことで顎《あご》が鍛えられる。
③は、作家の死後に出た「新刊」。対談だろうと、キャッチコピーだろうと、帯だろうと推薦文だろうと、彼が扱えば、言葉はマジックのように開高健そのものになる、ということが、読んでいてわかる。この作家の、人間嫌いと厳しさと、ユーモアとチャーミングと、厭世《えんせい》と、それでも持ち続けた人間への希望、信頼、そういったすべてがこの一冊には詰まっている。
過剰なほどの言葉でもって、この作家が書くことにこだわったその対象は、人間だと私は思っている。人間の、なまなましいにおいと言ってもいい。そのにおいの醜さからも汚さからも愚かしさからも彼は目をそらさなかった。読み手に目をそらすことも許さない。昭和の終わりとともに消えた作家が、もし生きていたら、今を通してどんなふうに人を書いたか、私はずっと考え続けている。自分がこの作家に近づけるとは思っていないし、この作家の眼《め》を借りられるとも思っていない。ただ、この作家ならどう書いたか、どう見たか、そう思い続けることが私の、この作家へのかわらない敬愛のかたちなのである。

（2010年8月15日）

藤沢周・選

村上龍

①**限りなく透明に近いブルー　新装版**（講談社文庫）
②**悲しき熱帯**（角川文庫）＊2
③**コインロッカー・ベイビーズ　新装版**（講談社文庫）

まだ文学に関心すらなかった高校時代。国語の教科書に載っていた漱石や藤村などの文章を読まされて、「なんて気持ち悪いんだッ」と頁《ページ》を引き裂いていた頃《ころ》の話である。小説家なるものの自意識の有様に辟易《へきえき》する以上に、人の内面を解析してどうするんだ？　と端から小説を唾棄《だき》していた反抗期の耳に、あるニュースが飛び込んできた。「美大生の書いた小説が芥川賞を取ったんだってよ」。一九七六年のことだ。「ドラッグ、セックス、ロック。奴《やつ》はドアーズをかなり聴き込んでいるぜ」。文学が大嫌いな高校生だから無視しているはずだったのに、祖父の読んでいた『文藝春秋』が偶然居間の机にあってパラリとやった。村上龍の『限りなく透明に近いブルー』。

冒頭の文章に、「飛行機の音がどうしたよ。羽虫がどうしたって？」と流していたが、ある一文にきて、思わず息を呑《の》んだ。「なだらかなガラス球の中に暗いオレンジ色のフィラメントがある」。ワイングラスに透かして電球を見るという何気ないシーンだったが、「一体この文章は何だ!?」とハマり、貪《むさぼ》るように読破したのを思い出す。社会的事件ともなったLSD、乱交、ロックコンサート、暴行などのショッキングな内容よりも、その一文には、今までの小説にはない強烈なブツとしての感触があった。ここに

は内面が生み出す自意識を通した風景ではなく、無関係なほどその外の風景が転がっている。主人公がいようがいまいが、あるいは感覚しようが感覚しまいが、絶対的に存在する事物やノイズや他者の世界が確実に描かれていた。さらにいえば、瑣末《さまつ》な細部が主人公の内面などせせら笑うように、スタイルを持っていた。

　南の島に移住し、大音響で鐘の音を流し続ける、気のふれたミュージシャンの物語「鐘が鳴る島」を収めた『悲しき熱帯』でも、死と破壊への衝動を二人の主人公に託し、あのサリン事件を予知したかのような傑作近未来小説『コインロッカー・ベイビーズ』でも然《しか》り。事物も人も、世界の何物にも依存せずにスタイルを保ち続ける。逆にいえば、依存すらできない孤独や寂寥《せきりょう》を、世界の白々としたクールな地平とともに覗《のぞ》かせるのだ。コマンドの軍靴が小石を踏みつける音にも、風に靡《なび》く一本の草にも、また電球のフィラメントにも、スタイルがある。我々とは無関係に。その残酷さと切なさに村上龍文学の魅力の一つがあるだろう。

（2010年10月24日）

平野啓一郎・選

三島由紀夫

①沈める滝（新潮文庫）
②英霊の聲《こえ》（河出文庫）
③春の雪　豊饒《ほうじょう》の海（一）（新潮文庫）

三島由紀夫は、「恋愛」について多くを語った小説家だが、その独特な考えを知る上で、非常に重要な言葉が、死の二年前に書かれた『愛国心』という短いエッセイの中に記されている。

曰《いわ》く「愛という言葉は、日本語ではなくて、多分、キリスト教から来たものであろう。日本語としては『恋』で十分であり、日本人の情緒的表現の最高のものは『恋』であって、『愛』ではない」と。

煩瑣《はんさ》な語誌の議論は割愛するが、最初、肉親の親密さの表現として用いられ、やがて人に好まれる魅力の謂《いい》となった「愛」が、中世以降、仏教的な煩悩の一つに数えられ、近代になって、西洋的概念の輸入により、一気に意味の広がりを持ったというのは事実らしい。

実は、拙著『かたちだけの愛』（中央公論新社）では、三島のこの分類をヒントに、「恋」とは刹那《せつな》的に燃え上がって相手を求める感情、「愛」とはむしろ関係の継続性を重視する感情と、一旦定義的に分けて考えてみた。

さて、そうして改めて三島作品を振り返ると、彼の恋愛世界に於《お》いては、必ず「恋」が「愛」よりも上位に置かれている。

『春の雪』の主題は、「愛」ではなく、「恋」である。松枝清顕《まつがえきよあき》は、聡子との「愛」が実現しそうになると、そっぽを向いてしまうが、彼女が皇族に嫁ぐこととなって、その関係が不可能となった途端に、突如その「恋」心を燃え上がらせ、熱烈に彼女を求める。

『英霊の聲』で、二・二六事件の将校たちの霊が語るのは、天皇への「恋のはげしさ」、「恋の至純」であり、決して「愛」ではない。到達不可能な存在でありながら、なお奇跡のような恋の成就が夢見られているのが、あの場面である。

では、三島にとって、「愛」はどんな表現になるのか？　それは常に、徹底して、人工的な感情であり、その端的な例は『沈める滝』や『鹿鳴館《ろくめいかん》』（新潮文庫）のような作品である。しかし、そのニセモノの極まったところに、何か本物の「愛」らしきものが垣間見られているのもまた三島文学の逆説的な魅力である。「恋」と「愛」との違いを、ほとんど体質的に心得ていて、しかも、「愛」の方をより重視したのは谷崎潤一郎だろう。二人の作品を、「恋愛」に注目して読み直すと、多くの発見があるはずである。

（２０１０年12月26日）

道尾秀介・選

久世光彦《てるひこ》

①**怖い絵**（文春文庫）＊1
②**聖なる春**（新潮文庫）＊1
③**雛《ひな》の家**（中公文庫）＊2

久世光彦さんが亡くなってもうすぐ五年。久世さんといえば「寺内貫太郎一家」や「時間ですよ」の演出家として知られているというよりも、演出家としてしか意外と知られていない。

初めて触れた久世さんの文学作品は『怖い絵』だった。油絵から雑誌の挿絵まで、古今東西の「絵」にまつわる随想が綴《つづ》られた一冊だ。なんて美しい日本語を書くのだろう。なんて色気と奥行きのある文章世界なのだろう。最初の数ページを読んで、ああ僕はこの人の著書をこれから一冊残らず読むだろうな、と確信したのを憶《おぼ》えている。

この世には、映像にすると消え失《う》せてしまう幽《かす》かなものがある。すぐれた文章は、それを捕らえて紙の中にとじ込めることができる。ページをひらけばそこには肉眼よりも肉眼に近い情景が、肉声よりも肉声に近い声がある。久世さんはきっと、長年映像の世界で活躍してきた人だからこそ、それを知っていたのだろう。

随筆、そして小説――久世さんはどちらもたくさん書いたけれど、両者を読んでみると、上質な小説作品というものがどうやって生まれてくるのかがよくわかる。

どんな作家でも、知らない感情は書けない。書いたつもりになるのがせいぜいのところだ。ただし、感情の種さえ持っていれば、それを育てて登場人物の心を綴ることができる。随筆から察するに、久世さんは多くの人と愛し愛されし、憎み憎まれし、涙や言葉を交わし合い、感情の種を無数に抱えながら生きて死んでいった人だ。

抱えていた感情の種を、生前久世さんは小説という土壌に蒔《ま》いた。そこにはときに清らかで美しい花々が咲き、ときには妖《あや》しく狂おしい色の花が地面を覆い尽くした。それが久世さんの遺《のこ》した、素晴らしい小説群だ。

最近の小説には、読んでいると、打ち込みの音楽を聴いているような気分になるものが多い。メロディーはよく計算されているのに、奏者の息遣いが感じられないのだ。そのほうが聴き心地はいいので、昨今の読者はむしろ好むらしいけれど、一方で、激しい息遣いが封じ込められた名作たちは、どんどん絶版になっていく。

これでいいのだろうか。出版社や書店は、ひとつ商魂とバンカラ魂とを秤《はかり》にかけて、熱い息遣いの感じられる小説たちを、もっと世に広めてくれないだろうか。

（2011年2月27日）

関川夏央・選

山田風太郎

①警視庁草紙　上・下（ちくま文庫）
②戦中派不戦日記（角川文庫）
③人間臨終図巻　全3巻（徳間文庫）

一九六二年、文学に「性」をあさっていた中学生の私は、早熟な友人が貸してくれた『くノ一忍法帖《ちょう》』（講談社文庫）に一驚した。女忍者がふたり、肌をあわせて胎児を受け渡したり、まさに奇想天外な「性」にあふれている。しかるに性的な印象がない。まるで解剖学の教科書のようだ。そのうえ人が際限なく死ぬ。

忍者は兵隊さんとおなじ消耗品なのだ、と思ったのは後年だが、コドモの私がそこに深いニヒリズムのにおいをかいだのはたしかだ。そのニヒリズムは、血まみれであるにもかかわらず、美しかった。

さらに十年。一九七二年のある日、貸本屋から借りた『オール讀物《よみもの》』の山田風太郎の小説を寝ころんで読んでいた私は、はたと起き直った。それは長編『警視庁草紙』連載第一回だった。

維新から間もない、いまだ星雲状態にある東京を舞台に、舶来の近代と江戸文明のたたかいが、笑いをまじえて展開される。読者は、当時の進歩的空気に反して無意識のうちに「保守反動」の側に感情移入する。これが「物語」だ。これが「文学」だ。そう思ったとき、私は「純文学」至上主義から自由になった。

また二十年後。『戦中派不戦日記』『人間臨終図巻』を読んでいた私は山田風太郎にインタビューする

ため、勇躍して多摩の丘の上を訪ねた。ところが年齢のせいなのか、意図的になのか、おなじことしかいわない。いつだったかは、隣室にいた客に「やぁやぁ、どーもどーも」と話しはじめ、しばらくして応接室にやってきた。「いやぁ、セキカワくんかと思ったら、簡易保険の人だったよ」

結局私は、山田風太郎がこれまでに書いたこと話したことを組み合わせて再構成し、『戦中派天才老人・山田風太郎』（ちくま文庫）という本を書いた。苦し紛れに発見した方法ではあるにしろ、それはひとつのパロディーだった。同時に、パロディーとパスティーシュを愛した巨匠へのオマージュでもあった。

その山田風太郎が、ふとこんなことをいった。

「最近はパロディーだとわかってくれないんだ。笑ってくれないんだ」

山中貞雄の映画『河内山宗俊《こうちやまそうしゅん》』だけではない。鷗外や一葉の作品さえ忘れられた。小説家は、ただ感心されてもうれしくない、笑ってもらえなければ張り合いがない、と述懐した巨匠のさびしげな表情は、いまも記憶にあざやかだ。（2011年1月30日）

桐野夏生・選

林芙美子

①林芙美子　宮本百合子（平林たい子著／講談社文芸文庫）＊1
②放浪記（新潮文庫）
③浮雲（新潮文庫）

平林たい子の『林芙美子　宮本百合子』は、若い頃の芙美子を知るたい子が、芙美子を想《おも》って書いた評伝である。

たい子は、芙美子の二歳年下で、同じ物書き志望だった。地方出、金もなければコネも男運もない二人は、東京の片隅で助け合って暮らした。他の誰よりも、芙美子の輝きと痛みを知るたい子は、同じ作家として距離感を保ちながらも、芙美子という人の芯を捉えることに成功している。

「昭和に改元したての頃、彼女がお母さんに五十銭送金したことがある。それを見て私はその関係の痛切さに涙が出て仕方がなかった」

芙美子と母親の間を、今で言えば、たった数百円の金が郵便で行き来する。たい子は「その執着のしかたも、男性のそれに対してよりも命懸けだとさえいえた」とずばりと書いている。

芙美子のデビュー作、『放浪記』にも、たい子の名はよく出てくる。

芙美子の元に、男に鏝《こて》で殴られた、と泣きながらやってくる「たいちゃん」。男に騙《だま》され、踏みにじられるのは、芙美子とて同じである。「ボロカス女」と自称しながらも、たい子と芙美子の意気は軒昂《けんこう》だ。「男に

食わしてもらう事は、泥を噛《か》んでいるより辛《つら》いことです」と書く。『放浪記』には、でこぼことうねって、通り一遍ではない、人間の「生」が活写されているのである。

そして『浮雲』は、間違いなく、芙美子の小説群の中でも、ひときわ高く聳《そび》え立つ傑作である。再び、たい子の書いた『林芙美子　宮本百合子』に立ち返るが、その中に、芙美子が書いた有名なラブレターが収録されている。相手は、『浮雲』のモデルと取り沙汰《ざた》されたT氏である。ラブレターが世に出たのも、芙美子の死後、T氏が古本屋に売ったせいだった。平林たい子は、そのことに憤っている。

しかし、戦後の作『ボルネオ・ダイヤ』という中編も、『浮雲』の原型のような美しい小説だった。技術者と娼婦《しょうふ》が吹き溜《だ》まる戦地。普段なら出会うこともない男女の、恋愛とも言い切れない縁。芙美子は、そういう濃淡のあるリアルな男女関係を書くのが誰よりもうまかった。たい子が書いたように、母親との結びつきの方が命懸けだったからか、と思うこともある一方で、女同士の友情では測れない男女の交情を知っていたようにも思う。

（2011年5月15日）

古井由吉・選

シュティフター

①**水晶　他三篇**（手塚富雄、藤村宏訳／岩波文庫）＊1
②**森の小道・二人の姉妹**（山崎章甫訳／岩波文庫）＊1
③**ブリギッタ・森の泉　他一篇**（宇多五郎、高安国世訳／岩波文庫）

若い頃に老人に言われたものだ。君たちは、そそくさと読んで、そそくさと理解しようとするので、見えるものも見えなくなる、と。さらに言う。遠い時代の書き手の、その時間の流れの内へ心がいくらかでも入りこめれば、見えないはずのものも見えてくるのだ、と。

なるほど、これこそ遠い時代の作品を読む際の秘訣《ひけつ》か、と後年になり思い知らされたものの、いざおこなおうとなると、これがなかなかむずかしい。それには現代の人間の、時間の流れが急すぎる。前のめりにすぎるのだ。

アダルベルト・シュティフター。ボヘミア生まれ。一八〇五年生の、一八六八年没。我が国の江戸時代に当てれば、文化年間から明治維新までの生涯になる。それほど遠い時代の人でもない。

しかも我が国では古くから、かなりの多くの愛読者を持った人でもある。昭和の十年代にすでにその文庫本が出ている。それればかりか、いま手もとにある『水晶』の文庫本は、一九九三年を初版に、最近まで着実に版を重ねている。シュティフターの作品を手に取る若い人にとっては、かつては親の、あるいは祖父母の、愛読書であったのかもしれない。自然の描写への日本人の感受性は尽きないようだ。

シュティフターの作品を読んだ人の多くは、現代の人間としてどれだけ細部まで感じ取れたか知らないけれど、とにかく美しかった、と言うだろう。それが正直のところだ。読んで始めのうちは、あまりにも穏和な、あまりにも懇切な語り口に、そこは現代人のことどて、つい先を読み急いで、前のめりになり、空足《からあし》を踏みそうになるが、呼吸が合うにつれて、ゆっくりと流れに添わせてくれる。すると描写の節々から、美しさがほのめき出る。あるいは輝き出る。あくまでも静かな、透明な美しさである。どうかすると一瞬のうちに、永遠へおよぶ。やがて人はその美しさに触れて戦慄《せんりつ》を覚えはじめる。

善意の人ばかりが出てくるということに、現代の読者には異和感もあるところだろう。しかし善意の人の内にこそ、生涯の運命の、深みはあらわれるとも言える。ひとすじ縄には行かぬ作家のようなのだ。

短篇集『石さまざま』から四篇をおさめた、『水晶』と題する文庫本をまずおすすめしたい。『石さまざま』の残りの二篇も探せばその飜訳《ほんやく》があるはずだ。

（2011年8月28日）

諸田玲子・選

向田邦子

①向田邦子全集 新版 全11巻・別巻2巻（文藝春秋）
②向田邦子と昭和の東京（川本三郎著／新潮新書）
③駅路／最後の自画像（松本清張、向田邦子著／新潮社）＊1

向田邦子さんのTV台本を小説化する仕事がきっかけで、私は小説を書きはじめた。鋭い観察眼、簡潔な文章、生き生きした台詞《せりふ》、モノや人名、なにより行間にこめた思い、五感に訴えかける表現……教えられたことは多々ある。『向田邦子全集』全十一巻には、恩師ともいえる邦子さんの真髄が詰まっている。名人芸の短篇を集めた『思い出トランプ』や、男女三人のゆれる心理を見事に描いた長篇「あ・うん」はもちろん、「寺内貫太郎一家」を自ら小説にした長編まで収録されているのがうれしい。

早世されたため小説の数こそ少ないが「父の詫《わ》び状」をはじめとするエッセイも全篇、収められている。エッセイも秀作ぞろい。しっかり者なのにおっちょこちょい、生真面目《きまじめ》なのにユーモラスな、家族思いの素顔が伝わってくる。

全集には別巻二があり、対談集と「恋文」、「遺言」が収められている。対談では邦子さんの肉声を知ることができるし、妹の和子さんが書かれた「向田邦子の恋文」では、知られざる悲恋がひもとかれ、邦子さんという生身の女があざやかによみがえる。

向田作品はなぜこんなにも愛されるのか。邦子さんの人気が色あせないのはなぜだろう。

それは、女が社会に出て独り毅然《きぜん》として生きてゆく凛々《りり》しさやいじらしさが、昭和という時代とシンクロして、なつかしく愛《いと》しく想《おも》われるからだろう。『向田邦子と昭和の東京』を読めばこの謎が解ける。邦子さんに関する評論は他にも多数、出版されているが、本書は切り口がおもしろい。邦子さんを深く知るとともに、私たち現代人が、邦子さんが生きる支えにしていた「倫理」をいかにないがしろにしているかが浮き彫りにされ、身につまされる。

さて、昭和の大作家の一人に松本清張氏がいる。全く個性のちがう二人——社会派ミステリーの巨匠と、家族と人間の機微を描く名手——が、コラボレーションしたらどうなるか。実はたった一作だけ共作があった。

『駅路／最後の自画像』には、清張氏の短篇とそれをドラマにした邦子さんの台本が収められている。しかもドラマには清張氏が登場する役までつくられ……。いずれ劣らぬ二人が丁々発止とやりあう夢の競演を紙面で堪能できるとはなんという贅沢《ぜいたく》だろう。

今年は没後三十年。邦子さんは私たちの胸に五十年百年、生きつづけるにちがいない。

（2011年9月18日）

①桜の森の満開の下・白痴　他十二篇（岩波文庫）
②桜の森の満開の下（講談社文芸文庫）
③堕落論・日本文化私観　他二十二篇（岩波文庫）

坂口安吾

天童荒太・選

映画制作の道を志す途中、二十代半ばで初めて書いた小説が賞をいただけたものの、自信はなく、映画の道もあきらめられず、初志貫くも、水合わず、あらためて小説の道に専心、と肚《はら》をくくったのが三十のときだった。もとより文芸の道に暗く、どう進むか、範とする師を定めようと乱読の末、石川淳を勝手に仰ぐことにした。だが師の背後に、教科書の下にワイセツ本を秘するがごとく、ある人物を隠した。坂口安吾。

小説は「白痴」、随筆は「堕落論」とは、誰もが認める初歩だが、さすが初歩の理由はある。二十年前は青くさく、好きな本はと問われたら、日本とロシアの両「白痴」と答えていた。小説はほかに「夜長姫と耳男」「桜の森の満開の下」「紫大納言」「戦争と一人の女」。イメージ鮮烈、言葉は奔放、ことに女の立ち姿が恐ろしい、つまりは究極の美しさ。桜の森、の首遊びの場面に酔いしれて、ペチャペチャという音はつねに耳の底にある。何の音かは読んでほしい。

随筆はほかに「日本文化私観」。彼の随筆は何を書いてもおのれの生き方にかえる。人生観や文学観を述べるにあたり、ときには友さえやっつける。「不良少年とキリスト」で太宰治、「教祖の文学」で小林秀雄を、小気味いいほど批判するが、彼らに深い愛情を抱いていることも、荒いけれど熱を帯びた言

葉で響いてくる。

安吾は絶対的な孤独を抱えながら、いや抱えているからこそ人間を愛している。といってヒューマニズム的な愛はくそくらえ。ヒトの暮らしの底に耽溺《たんでき》し、人間など卑小俗悪だと吼《ほ》え、人生なんてバカげたものと笑って、だから、いとおしいんじゃないかと歌っている。しびれる。

生きろと言う。汚く醜く、涙まみれ毒まみれでも生きるが全部、死ぬなんていつでもできることはするな、と兄事した牧野信一も、太宰も、姪《めい》も自殺し、戦争で多くの人の死を見た男が、フツカヨイの態度で、真摯《しんし》に語る。十九で自殺したわが叔父にも、安吾を読んでほしかった。そしてあの人にも、あの人にも、あの人にも。

石川淳の小説や随筆にふれると、精神的な正座が、肉体の姿勢に及ぶ。安吾を読むと、膝を叩《たた》き、床を転げ、精神的にぐずぐずになる。とても範に仰げず、師の背後に隠すしかなかった。

安吾に報告。去年あなたの年を越えました。バカ、魂の年はひよっこじゃねーか。師の声なら正座で首を縮め、安吾なら、へへと頭をかく。ワイセツ本はいま教科書と並べて置いてある。

（２０１１年11月６日）

石田衣良・選

アルベール・カミュ

①**ペスト**（宮崎嶺雄訳／新潮文庫）
②**異邦人**（窪田啓作訳／新潮文庫）
③**太陽の讃歌——カミュの手帖1**（高畠正明訳／新潮文庫）＊1

①『ペスト』　海外のＳＦミステリーを濫読《らんどく》していた中学生のとき、ブンガク作品というものを読んでみたくなった。この本を選んだのは、あとがきにカミュが四十四歳で、ノーベル文学賞をもらったと書いてあったから。今はぼろぼろになった文庫本は当時二百六十円。実際に読んでみると立派な文学だった。３・11以降作中の疫病は不条理な自然災害そのものに思える。ペストに襲われたアルジェリアの海辺の街と東北の海沿いの風景が重なるのだ。避けがたい悪や暴力に対して、連帯感をはぐくみ集団で抵抗すること。このテーマは現在の日本にますます重い。物語の最後でオランの街は病原菌からついに解放されるけれど、東北に解放はやってくるのだろうか。ペストの恐怖さえ一時的にしか感じられないフクシマの、その日を思う。

②『異邦人』「きょう、ママンが死んだ。」この一行が海外文学ではもっとも有名な書きだしであることは間違いない。不条理というのがキャッチになっているけれど、実際には内気なマザコン青年の破滅の物語。それが明るい南国の陽光のもとで展開するのが肝か。この作品のイメージから、フレディ・マーキュリーは不滅の名作「ボヘミアン・ラプソディ」を生んだと思われる。あの曲が好きな人は、一度

手にとってみるのもいいかもしれない。ただし、あちらほどドラマチックな展開ではないので、小説に慣れていない人は覚悟するように。だが、一読すれば誰にでもわかるはずだ。『異邦人』には、すぐれた作家のデビュー作なら必ず発見できるあの鉱物質のきらめきが、すべてのページできらきらと跳ねている。

③『太陽の讃歌《さんか》』カミュには手帳が二冊あるが、ぼくは立派になった二冊目の『反抗の論理』より、こちらのほうが好き。カミュはヨーロッパとアフリカに引き裂かれていた。論理と道徳の北、感性と情熱の南。今胸を打つのは南の言葉ではないか。例えば中学生のぼくはこんな文章にアンダーラインを引いた。

「生きなければ、そして創造しなければならぬ。涙を流すほど生きねばならぬ……ちょうど糸杉が植えられた丘の上の、円い瓦屋根のあの青い鎧戸《よろいど》の家を目の前にしたときのように。」やっぱりカミュはカッコいい。焼けつく日ざしにさらされた白壁には青い窓。円屋根の上は同じターコイズブルーの硬い空。一瞬で幸福感に打たれ立ち尽くす多感なカミュ青年の背中が見える。

（2011年11月13日）

穂村弘・選

塚本邦雄

①**百句燦燦**（講談社文芸文庫）
②**定家百首**（『定家百首／雪月花（抄）』所収／講談社文芸文庫）
③**西行百首**（講談社文芸文庫）＊1

短歌や俳句や詩が読み難く感じられる理由は、それらが韻文という超アナログな言葉の連なりだからだろう。根本的な解決法は読み慣れるしかないのだが、ひとつ特別な道がある。塚本邦雄の本から入る事だ。戦後を代表するこの歌人は詩歌全般に亘《わた》る天才アンソロジストでもあった。秘密は超デジタルな「目」にある。その「目」を借りる事で我々も詩歌の謎が楽しめるようになる。言葉同士のアナログ的関係性への解像度が上がって、自力では見えなかった世界が見えてくるのだ。芸術は解《わか》るものではなく感じるものという云《い》い方があるが真に受けたくない。本当に感じるためには解る事への意志が必要になると思う。『百句燦燦《さんさん》』は俳句のアンソロジー。そこに並んだ「短い言葉たち」は、私が漠然とこんな感じと思っていた俳句とは全く違っていた。

みどり子の頬突く五月の波止場にて（西東三鬼）
洗ひ髪身におぼえなき光ばかり（八田木枯）
抽斗《ひきだし》の國旗しづかにはためける（神生彩史）
向日葵《ひまわり》の蘂《しべ》を見るとき海消えし（芝不器男）

感度の高い読者なら、この「選び」だけで、一気に俳句の面白さに開眼してしまうかもしれない。これらの句には絵画的映像的物語的な新鮮さがあって、韻文に慣れない読者にとっての入口になってくれるのだ。さらに塚本は解説の一行目をこんな風に書き出す。「馬は家畜の中で最も美しい」「雛壇《ひなだん》には女が四人ゐる」「月蝕《げっしょく》は地球の悪意である」「寺山修司はかつて一度も目を瞑《つむ》ったことがない」等々、このデジタルな断言は何なんだ。それぞれ「冬の馬美貌くまなく睡《ねむ》りをり（石川雷児）」「例ふれば恥の赤色雛の段（八木三日女）」「月蝕や頭翳《かげ》りて男立つ（小川双々子）」「目つむりてゐても吾《あ》を統ぶ五月の鷹（寺山修司）」に対応しているのだが思わず続きが読みたくなる。だが、どんなに絵画的映像的物語的に見えようとも、詩歌はあくまでも韻文である。塚本の鬼気迫るデジタル眼が、作中の一音に拘《こだわ》り抜く事で、逆に迫っても迫り得ない詩歌の魔を浮かび上がらせる。美しい幻が指の間から零《こぼ》れてゆく。駄目だ、やっぱり届かない、という絶望。その深さに触れる事が不思議にも読者としての私に裏返しの喜びを与えてくれる。本書の他に『定家百首』『西行百首』等も手に取り易い。

（2011年12月18日）

篠田節子・選

円地文子

①なまみこ物語（新潮オンデマンドブックス）＊2
②猫の草子（『妖／花食い姥《うば》』所収／講談社文芸文庫）＊2
③食卓のない家　上・下（新潮オンデマンドブックス）＊2

円地文子の長い創作期間に書かれた多様な作風の作品の全貌はとうてい摑《つか》み切れず、そこから三冊選ぶなど叶《かな》わないのではないか、と思われる。

以前、私は女流小説家を主人公にした作品で、初期の円地作品の文体模写を試みたことがある。図書館で見つけた全集に収録されている無名時代の短編集だったと記憶しているが、その硬質にして優美、重量感に満ちた長文は、とてもではないが駆け出しの小説家が剽窃《ひょうせつ》できるような代物ではなく、恐るべき才能と並外れた教養に、尻尾《しっぽ》を巻いて退散するしかなかった。

『なまみこ物語』は私小説かエッセイかという導入から一転、王朝古典文学の世界が展開する。作中、あたかも実在するかのように書かれている「なまみこ物語」は作者円地文子の完全な創作である。しかも歴史上の人物に生き霊合戦を演じさせる大胆不敵さで、このあたり物語作家の面目躍如といったところか。冷静なタッチで論理的な語り手の文体に対しての、作中作の疑似古文の美しさに魂を奪われ、高校時代、受験勉強そっちのけで読みふけった。

ひょっとしてこの人、生まれた時からばあさんだったのでは？と思わせるほど老女物の傑作が多い円

地作品の中でも、『猫の草子』は異色だ。主人公の老画家に向ける子世代の冷ややかな視線と彼女の残したスケッチから見えてくる、老いの無《む》惨《ざん》と底無しの孤独、その奥に潜む妖しいきらめきに言葉を失う。

『食卓のない家』は円地が大家としての揺るぎない地位を獲得した後、欧米から持ち込まれた原理原則としての個人主義と、中世に遡《さかのぼ》る「家と血」の縁、そして「甘えの構造」に象徴される「情」の葛藤を通し、中産階級の家庭崩壊を描ききった晩年の傑作だ。

連合赤軍事件を想起させる犯罪を引き起こした青年の父親の視点から描かれる、家族関係と世間。その向こうに戦後日本と日本人の背負った課題が見える。昭和四十年代の「現在」に肉薄し、大作を完成させた「女流」の、世界への尽きることのない興味と底知れない力量に、あらためて尊敬の念を覚える。

なお本作は題材を連合赤軍事件に取っているが、その後に起きたオウム真理教事件にも読みかえることができ、風俗や表面的な男女観は古びていても、本質において見事に時による風化を免れた作品と言える。

（2011年12月25日）

古川日出男・選

吉増剛造

①黄金詩篇（思潮社）＊1
②大病院脇に聳えたつ一本の巨樹への手紙（中央公論社）＊1
③表紙 omote-gami（思潮社）

小説家や詩人がずっと成長しつづける、ということをイメージすることはたやすい。けれども吉増剛造という詩人は、成長とは違う力強さで前進している。僕の印象では、吉増さんは数十年かけて「拡張」しつづけている。なんだか版図を広げつづけている王国のような人だ。

詩だけを書いている詩人ではない、とも言える。早くから積極的に朗読活動を行ない、手書き文字も刻み、心象風景としか呼びようのない写真を発表して、近年は「映画」と名付けられた映像作品を世に送り出しはじめた。そして、それらの一切が、どうしてだか吉増さんの詩なのだ、圧倒的なまでに詩的な存在なのだと僕には感じられる。

しかしここまで「拡張」した王国には、正直、いきなりは旅しづらいと思う。吉増王国に渡航するためのパスポートをそう容易には発見できない、と言えばいいのか。現在の詩集は、その1ページを開いただけで、ページそのものから「見つめ返されている」ような威圧感もおぼえるだろう。

だとしたら、1970年代や80年代の詩集に遡《さかのぼ》って読み出せばいい。今世紀になってから復刊された『黄金詩篇《しへん》』は、吉増さんの第2詩集で、入手しやすいし読みやすい。けれどもその「読みやすさ」の

内側で出会うのは、たとえばこんな言葉だ。〈ああ／下北沢裂くべし、下北沢不吉、下、北、沢、不吉な文字の一行だ／ここには湖がない〉

この3行に出会った時、僕は、膝から力が抜けて本当にその場にへたり込んだ。地名としての下北沢が、本当に裂かれてしまっている。「こんなことをする人がいるのか」とも思ったし、「わずか3行で神話を生むようなこんな神業が、詩人には可能なのか」とも感動した。

日本語という食材を、目の前で調理する料理人を見た、という感じにも近かった。

風景とその移動を封印した詩集は83年刊行の『大病院脇に聳《そび》えたつ一本の巨樹への手紙』で、ここには当時の吉増さんの歩み（詩人その人は「歩行」と言っている）が時空間のカプセルに入れられている。図書館で借りてでも読んでほしい。

そして詩人の現在の目（つまり「視覚」だ）は、写真詩集『表紙 omote-gami』という一冊にある。読むことが見ることであること。これは詩の「体感」だ。まずは試してほしい。

（2012年2月5日）

荻原浩・選

ジョン・アーヴィング

①**ガープの世界　上・下**（筒井正明訳／新潮文庫）
②**ホテル・ニューハンプシャー　上・下**（中野圭二訳／新潮文庫）
③**オウエンのために祈りを　上・下**（中野圭二訳／新潮文庫）＊1

ジョン・アーヴィングと初めて会ったのは、二十代の頃だ。彼は古本屋の片隅にいた。なぜ俺がこんなところにいなくちゃならないんだ、とすねているふうに見えた。

僕は彼の名前を知らなかった。たまたま手にとったその本、『ガープの世界』がアメリカでベストセラーになっているなんてことも。古本とはいえ、ハードカバーで上下二巻。「高価《たか》いな、元は取れるのか」なんて、アマレスの選手だったというアーヴィングにスープレックスを食らうようなことを考えたものだ。

読んですぐ夢中になったわけでもない。最初は「衝動買いは良くないいな」などと、背後からヘッドロックを決められそうなことを考えていたと思う。でも、我慢して（ああ、ベアハッグはやめて）読み進めると、なんとまぁ、面白い。いや、面白いなんて表現は申しわけない気がする。凄《すご》かった。

以来、折にふれてぽつぽつ読んでいるが、全作品制覇にはまだまだ。アーヴィングを読むにはけっこう気合がいるのだ。

アーヴィングは人生を書く小説家だ。多かれ少なかれ小説は誰かの人生を描くものではあるのだけれど、彼の場合、往々にして主人公の誕生から死までをまるごと書く。だから上下二巻が普通。必要なの

は、その長さへの心づもりというより、他人の一生につきあう気合というか覚悟だ。気を抜くと魂を吸い取られそうになる。

アーヴィングの小説はコミカルと評されることが多い。確かに可笑《おか》しい描写はあちこちにある。が、僕にはコミカルというより痛々しく思える。その可笑しさが哀《かな》しい。登場人物たちに常に死の影がつきまとっているからだ。

アーヴィングの世界では、人々が理不尽に、唐突に死ぬ。命が軽々しく扱われているわけではないのだが、ときに滑稽《こっけい》に。それが人生だと言っているかのように。

そして彼は作中人物を通していつも不機嫌に怒っている。社会や偏見や嘘《うそ》っぱちな良識に。その怒りを受け止めるのにも気合がいる。でも、読後に感じるのは心地良い疲れだ。吸い取られた魂が少し強くなって戻ってくるように思える。

何かに怒らなくちゃ、批判しなくちゃ、小説を書く意味がないじゃないか。読み終わると小説家のはしくれとして僕はいつも、ジョン・アーヴィングにバックドロップを食らった気分になるのだ。

（2012年2月26日）

畠中恵・選

都筑道夫

①退職刑事1〜6（創元推理文庫）＊2
②なめくじ長屋捕物さわぎシリーズ『ちみどろ砂絵　くらやみ砂絵』など6冊（光文社文庫）＊1（4〜6巻）
③黄色い部屋はいかに改装されたか？　増補版（フリースタイル）

小説の新人賞を頂いた時、編集氏へ、都筑先生の事を、我が師だと話した。後で都筑先生にも、もう出版社に言っちゃいましたから、先生は私の師という事になっておりますと報告したら、笑っておいでであった。よって私は今も、師の弟子を称している。

ところで今にして思うと、師の作品の書き方は、他の多くの物書き方とは、少し違っていたようだ。『退職刑事』などの現代物、『なめくじ長屋捕物さわぎ』シリーズなどの時代物、『黄色い部屋はいかに改装されたか？』などの評論、ＳＦ、子供向け、ショートショート、翻訳など、実に色々な分野を手がけていたのだ。

師の書き方を見ていた不肖の弟子は、物書きとはそうやって、多々のジャンルをこなすものなんだろうと、勝手に考えていた。

ところが。書き手になったところ、どうやら師のように、多分野のものを書く人は、珍しいようだと知った。大概は、ある分野の作家と呼ばれるようであった。

しかしだ。そうなると、師の事は、いかなる分野の作家と思えばよいのか。私は『なめくじ長屋捕物さわ

ぎ』シリーズの大ファンであるから、時代物作家と考えるのは嬉《うれ》しい。だが、やはりそれだけではない。きっとSF作家、評論家、翻訳家、ミステリー作家を外しては、いけない気がするのだ。

師は多分、興味津々、色々な事にチャレンジするのを、楽しんでいたのではないか。敗戦後の時代、カストリ雑誌に数多くのペンネームを使って、物語を書いていらした方だ。ただ一つの分野に絞って書くべきだとは、思わなかったのだろう。

そういえば師は、時代小説を書く時にも、新しい試みをされていた。一種の言葉遊びを、古い時代の話で試みていたのだ。〝有配当〟は、アルバイト。〝在場居〟はアリバイ。〝巣乱〟はスラム。そういう斬新な言葉が、時代物の中で使われたのだから面白い。しかも、『なめくじ長屋』シリーズは、人情ものやチャンバラを主体としない、ロジックの面白さが勝った、斬新な時代物であった。

師は、書く事に自由な方であったと思う。今、師の書いたカストリ雑誌が欲しいなと思うのだが、なかなかお目にかかれないのが残念だ。

師と出会う事が出来て、幸運であった。

（２０１２年４月８日）

三浦しをん・選

丸山健二

①**水の家族**（求龍堂）
②**安曇野の白い庭**（新潮文庫）＊1
③**荒野の庭**（求龍堂）

丸山健二氏の小説は、常に力強さと美と刺激を備え、進化し蠢《うごめ》きつづけている。だから、どの時期のどの作品をおすすめするのがいいか、迷うところだ。『夏の流れ』は、「え、二十代前半でこんな作品を書けてしまうの⁉」と、読むたび打ちのめされる。『ときめきに死す』もしびれるし（これは、故・森田芳光監督の映画版もおすすめなので、小説と併せてぜひ！）、『見よ　月が後を追う』も『落雷の旅路』も……。だめ、挙げきれない！　しかし個人的には、『水の家族』を一推《いちお》しする。小説しか持ち得ない「力」を、私はこの作品を読んではじめて体感し、震えた。研ぎ澄まされた文章、終幕近くで到達する奇跡のような高揚の瞬間を、どうかじっくりと味わっていただきたい。

いまにして思えば、『水の家族』の次に発表された長編『千日の瑠璃《るり》』以降、丸山氏はさらに新しい小説世界へと飛翔《ひしょう》した感がある。『水の家族』は、それ以前の丸山氏作品の集大成にして傑作だし、現在も小説表現と格闘し、深みと高みを目指しつづける丸山氏の、重要な跳躍台となっただろう一作でもある。

丸山氏はまた、エッセイも滅法おもしろい。むろん、丸山氏自身はこのうえなく真剣に書いているの

だが、常人からすると、その真剣さがときとして過剰かつ過激の域にまで達しており、読んでいて驚きあきれ感心し笑ってしまうこともしばしばなのだ。

たとえば『安曇野の白い庭』は、丸山氏がいかにして、自宅にすばらしい庭を現出せしめたかの記録。ヒマラヤ杉を切り倒し、毛虫を殺しまくりと、「自然派」や「ガーデニング」といった甘っちょろい言葉からはほど遠い、鬼気迫る作庭ぶり。使用する電動刈り込み鋏《ばさみ》がどんどん重量級のものになり、ついにはベトナム戦争におけるアメリカ軍の装備を分析しはじめるくだりなど、何度読んでもすごすぎて笑える。

こうなると、丸山氏の庭を見たくなるのが人情というものだが、うっかり不法侵入などしようものなら、槍《やり》で撃退される可能性大だ（エッセイ集『田舎暮らしに殺されない法』参照）。『荒野の庭』ほか、複数の写真集が出ているので、そちらをご覧いただきたい。心に斬りこんでくるような、うつくしく峻厳《しゅんげん》な花咲く庭の写真が満載だ。すべて、丸山氏本人の撮影。プロ級の写真の腕前なのだ。超人と言うほかない。

（2012年4月22日）

青来《せいらい》有一・選

野呂邦暢《くにのぶ》

①**諫早菖蒲日記**（梓書院）＊1
②**夕暮の緑の光　野呂邦暢随筆選**（岡崎武志編／みすず書房）＊1
③**野呂邦暢・長谷川修往復書簡集**（陸封魚の会編／葦書房）＊1

野呂邦暢没後三十三年の今年、芥川賞をふたたび受賞したような、というのはおおげさかもしれないが、彼を郷土の誇りとする長崎・諫早の人々が喝采の声をあげたのはまちがいない。全八巻からなる『野呂邦暢小説集成』（文遊社）の刊行がはじまったのだ。「世界の片隅でひっそり生活したい」と記して諫早で暮らしながらも、古代史の雑誌の編集長や自然を守る会の代表をひきうけるなど多方面で活躍した。奇をてらうことはなく端正に構築された小説世界。澄み切ったまなざしを感じさせるエッセーの数々。野呂の生の軌跡とその文学は時が流れても色褪《いろあ》せることなく静かな光を放ち続けている。昭和五十五（一九八〇）年、四十二歳で急逝した後も、『野呂邦暢作品集』（文藝春秋）など小説やエッセーの新刊もでて読み継がれてきたが、小説全集発刊は今回がはじめてで、野呂邦暢への関心はさらに高まっていくだろう。

①『諫早菖蒲《しょうぶ》日記』を彼の小説の最高傑作とすることに大方のファンはうなずくはずだ。世の中が幕末の動乱期へと向かいはじめたころの諫早藩の人々の姿を、砲術指南役の家の娘、志津の目からとらえた歴史小説。今、目の前に少女がいるような初々しい息づかいを感じさせる。

②『夕暮の緑の光』は没後三十年に刊行された随筆集。この本で初めて野呂に出会った若い読者も多いかもしれない。野呂のエッセーなら没後二年ほどして刊行された『小さな町にて』（文藝春秋）もぜひ読んでほしいところだが、絶版後久しく古書店では高値でとりひきされて入手がむずかしい。本の装幀《そうてい》や紙質、インクの匂いも愛し、古書の書きこみにも愛着をしめした作家は、自らの本の人気に照れ笑いをしているかもしれない。

③『野呂邦暢・長谷川修往復書簡集』は、同じ作家仲間で下関で暮らしていた長谷川修とやりとりした手紙を集めており、小説の感想や解説、新作のアイデア、方法論、創作の悩みなどが記されている。希望と不安にゆれながらも、ふたりの作家の文学への情熱に圧倒される。没後十年に刊行された私信を集めた本で、作家も発表を意図したわけでもないが、小説の全集刊行がはじまり、野呂邦暢とはだれだったか、作家の全体像にあらためて関心が高まりつつある今、あえて選んだ。野呂文学への理解を深めていくうえで忘れてはならない貴重な一冊。

（2013年9月1日）

内田樹・選

村上春樹

①羊をめぐる冒険　上・下（講談社文庫）
②中国行きのスロウ・ボート（中公文庫）
③村上朝日堂（村上春樹、安西水丸著／新潮文庫）

村上春樹の全著作から三冊。むずかしい注文である。とにかく後先考えずに書架の前に立って、「無人島に持って行くなら、どれを選ぶか」を基準に「えいや」と一気に三冊を抜き出し、なぜそれを選んだのかあとから理由を考えてみることにした。選んだのがこの三冊。

長編小説を一編だけということなら、私は『羊をめぐる冒険』を選ぶ。村上は『風の歌を聴け』と『1973年のピンボール』で切れ味のいい都会的な文体をもった若手作家として注目を浴びていたが、この一作によって「世界作家」の域に達した。それは時代を超え、国境を越えて流れる「物語の水脈」を彼の「つるはし」がこのとき掘り当てたということである。

私たちの暮らしている世界のすぐ横には「あのとき分岐点で違う道を選んでいれば、そうなったかもしれない別の世界」がある。作家とは私たちの暮らすこの世界と「そうもありえた世界」を隔てる「壁」の間を行き来できる特権的な職能民のことである。だから作家は「壁抜け」を特技としなければならない。同意してくれる人は少ないが、私はそう考えている。

『羊をめぐる冒険』からあと、村上春樹は愛する人、親しい人が「壁の向こう側」に消えてしまう経験

と、「壁の向こう側」から人間的尺度では考量できぬものが浸入してくる経験を繰り返し書いた。『ダンス・ダンス・ダンス』、『世界の終りとハードボイルド・ワンダーランド』、『海辺のカフカ』、『ねじまき鳥クロニクル』、『1Q84』、どれもこの同一の説話原型を変奏している。

二冊目はアメリカで編集されたアンソロジー。村上文学を読み解く鍵となる重要な短編がほぼ網羅されている。私の「村上春樹短編ベスト3」は「中国行きのスロウ・ボート」と「午後の最後の芝生」と「四月のある晴れた朝に100パーセントの女の子に出会うことについて」である。一つだけ選ぶなら『四月』と言う女の子に私はこれまで何人か会った。恋の本質を作家はこれほど短い物語に凝縮することもできる。

最後にエッセイ。私が実は一番繰り返し読んでいるのは『村上朝日堂』シリーズである。「どうでもいいこと」ばかり書いてあるが、世界を埋め尽くす「どうでもいいこと」を（貝が小石を真珠層で包んで宝石に仕上げるように）作家は忘れがたい一編の物語にみごとに仕上げてしまう。驚嘆すべき技術の確かさ。

（2013年10月6日）

綿矢りさ・選

アーネスト・ヘミングウェイ

①**蝶々と戦車**（高見浩訳／『ヘミングウェイ全短編3』所収／新潮文庫）
②**日はまた昇る**（高見浩訳／新潮文庫）
③**海流のなかの島々　上・下**（沼澤洽治訳／新潮文庫）

乾いた酒というのがあるなら、ヘミングウェイの小説に描かれるジンだと思う。喉を潤すためではなく、酔いたい渇望をさらなる乾きで得るために、男たちは熱くひりひりしたジンで喉を焼く。ヘミングウェイの、樫《かし》の老木に似た、堅牢《けんろう》で少し皮肉交じりの完璧な文章は、居酒屋で喧嘩《けんか》する弱い男の威嚇や臆病さを、ただ滑稽《こっけい》なだけではなく、どこか胸の痛む同情の視線で見守る。短編「蝶々《ちょうちょう》と戦車」では、戦争下でピリピリしているスペインの居酒屋で、水鉄砲で悪ふざけをした男が殺されるまでを描いている。まるで悪意がなく、ただ陽気に酔っぱらった男を蝶、ちょっとした悪ふざけも最大の愚弄《ぐろう》と受け取り男を撃った他の民衆たちを戦車と例えたこの話は、短いながらも胸に突き刺さる。個人的にこの話で好きなのは、この「蝶々と戦車」という題名にもなっている最大の決め言葉を、ヘミングウェイを彷彿《ほうふつ》とさせる作家の主人公ではなく、事件の起こった居酒屋の支配人に言わせているところだ。謙虚というか、視線が暖かいというか、こういった細かな点にもヘミングウェイの美学が表れていると思う。

『日はまた昇る』の、若者の焦燥感がスペインの闘牛場での命をかけた戦いによって煽《あお》られる描写も、ずいぶん昔に読んだ本だが、鮮烈に覚えている。享楽の影にある焦りと、遊戯の底にある死が、激烈な

生の輝きを浮かび上がらせる。一番初めの長編で、のちに強固になるハードボイルドな目線が、まだ定まらず、無力さを抱えながらも、ときどき闇雲に凶暴になる登場人物たちの姿が、ヘミングウェイの若さを反映しているようで、それも味わい深い。

もっとも最近に読んだのは『海流のなかの島々』。キューバに移り住んだ老いた男の話で、彼が画家のせいか、釣りや海や酒の描写がこと細かで美しい。文章にも映像と同じく、画素数があるのだなと感じる鮮やかさと明度だ。離婚して家族と別々に住む主人公は子どもが恋しい。しかしもう一度家族と共に住み、騒がしい生活に戻ることは、死んだ愛する人を生き返らせてほしいと願うくらい、実現不可能だと感じる。自分の生活様式と自由が確立された望み通りの世界に生きながらも、それでは足りないと孤独にあえぐ、ヘミングウェイ自身の苦悩が見え隠れしている。男の中の男、というイメージで後世に語り継がれている彼の、彼なりの苦しみが、自殺前のこの遺稿を通して鮮明に伝わってくる。

（2013年11月3日）

戌井昭人・選

川端康成

①伊豆の踊子（新潮文庫）
②眠れる美女（新潮文庫）
③虹・浅草の姉妹（新潮文庫）＊1

どのようにして異性と出会いたいか、勝手なシチュエーションを妄想して、実際そのようなことが起こるかもしれないと常に思っていたりする。とくに一人旅をしているときなどは妄想が止まらなくなり、期待を膨らませすぎるけれど、結局何も起こらない。いい歳《とし》こいてそんなことばかり考えている自分に虚《むな》しくなる。美しくない心持ちの私。でも男ってだいたいが、このように間抜けな生き物なのではないでしょうか。

『伊豆の踊子』は、そんな妄想を助長させる作品である。伊豆半島へ旅に出た青年と旅芸人一座の踊り子との出会いと別れ。実際にこのような経験があったと川端も明言していて、うらやましい限り。淡い恋ではあるが、青年は、その出会いによって自分を見つめ直し内面が変化する。清々《すがすが》しさが漂う一方で色っぽさもある。旅の途中でこんな出会いをしてみたいと、中年になっても思っている私。

『眠れる美女』は、なんだかわからない強烈な睡眠薬で眠らされている女がいて、彼女たちと一緒に眠ることができる秘密の店がある。店の規則で、眠っている女性にイタズラするのは禁止である。しかし、ほとんどの爺《じい》さんは、金にものをいわすことはできるが、男としての機能は失っている。ここに江口と

いう初老の男がやってくる。江口は男としてまだ現役であるが、この店の不思議な魅力に捕らわれて通いはじめる。そしてイタズラを試みたり（失敗する）、眠る女性の横で過去に出会った女性のことを思い出したりする。読んでいると「江口老人」がただの「エロ老人」に見えてくるのだが、最後の展開に戦慄《せんりつ》する。実際にこのような秘密クラブがあったのだろうか？　眠っている女性の事細かい描写、そのリアリティがすごくて、川端があの大きな眼で眠る女性を眺めていたのかもしれないと想像すると、ちょっと恐い。そして、男という生き物は老人になってもどうしようもないものだと思えてくる。

『虹・浅草の姉妹』では、そんな男のことを、門附女のおれんが、「三味線よりも遙《はる》かにあつかいやすい」と覚えてしまうのだが、結局、いろいろ上手《うま》く行かなくなって、どん詰まったような人生に陥る。そこに妹達が絡んでくる。虚しいような、先が見えない感じであるが、注がれる川端の眼差《まなざ》しに優しさがこもっていて、ちょっと暖かい心持ちになれる私がいた。

（2014年9月14日）

大泉実成《みつなり》・選

水木しげる

①ねぼけ人生　新装版（ちくま文庫）
②コミック昭和史　全8巻（講談社文庫）
③水木しげる漫画大全集064『ガロ』掲載作品（講談社コミックプラス）

数ある水木関連本の中でも、圧倒的な面白さで他の追随を許さないのが『ねぼけ人生』だろう。水木しげるの自伝なのであるが、とにかく面白いエピソードが次から次へと泉のように湧き出てきて、抱腹絶倒の作品である。

この面白さを支えているのは、おそらく書いている水木先生自体が、別に面白いともなんとも思わず当たり前のこととして淡々と書いているからであろう。「死とは何か」に興味を持ち、水木少年は自分の弟を海に放り込んでそれを観察する。それは水木的には普通のことであるのかもしれないが、世間からすればとんでもないことなんですよ、先生。

落語家の春風亭昇太さんも同書の大ファン。かってインタビューした際、「戦争に行って、ジャングルを追いかけ回されて、片腕を失って日本に帰ってくるという、すさまじい内容でしょう。ところが本人は、全然たいへんなことと感じてなければ、深刻にもなってない」。

「すごく印象に残っているのは、水木さんのお父さんが、日本に帰ってきた水木さんの腕が10センチぐらい残っていたのを見て『これぐらいなくちゃダメだな』というエピソード。『親もかよ』。本人だけじゃ

なくて親もまったく深刻になっていない」と感想を語っていた。

これはものすごい慧眼《けいがん》で、昇太さん、そうなんです。水木しげるはローマと同じで、一代にしてああなったわけではないんですよ。

そして『コミック昭和史』。1992年に初めて水木先生にお会いしてから、僕はその人柄に異常なる感銘を受け、以来「水木原理主義者」を名乗っているが、そのバイブルともいうべき本である。18歳でニューギニア最前線に送り込まれ、左腕をなくした水木先生が、戦争が終わったとわかった瞬間笑い狂う小さな一コマがあるのだが、これほど嬉《うれ》しそうに笑う人間の描写を僕はかつて見たことがない。いかに水木先生が過酷な体験をされたのかが伝わってくる。

最後にあげるのが、③などに収録されている「丸い輪の世界」という短編マンガである。これはいろんな作品集に収録されているので、興味のある方はご自分でお探しになるのもご一興かと思う。たいへん残念なことに、僕はこの作品のよさについて、言葉で説明することができない。とにかくご一読いただければ、あなたの心の一番深いところで、何かが目覚めると思う。

水木先生、ありがとうございました。


（2016年1月10日）

夏目漱石

水村美苗・選

①坊っちゃん（新潮文庫）
②三四郎（新潮文庫）
③明暗（新潮文庫）

没後百年。漱石は日本近代文学のもっとも大きな礎である。それでいて漱石の後、何万作、何十万作の小説が日本語で書かれたにもかかわらず、漱石の造った世界が、後の小説家の誰彼に継承されたという印象はない。漱石の造った世界は、それほど屹立《きつりつ》しているのである。

一つにはその強靱《きょうじん》なリアリズム。あの時代の日本というものが、巷《ちまた》の人の息吹が感じられるほど生き生きと描き出されている。二つにはその卓越したユーモア。落語と英文学を混ぜたような面白さで、痛快な自己諧謔《かいぎゃく》にも通じる。

そして、三つにはその深い倫理性。

最も希有《けう》なのはこの点である。実は漱石から三冊選ぶにあたってわざと避けた作品がある。『こころ』である。最後の「先生と遺書」がよく国語の教科書に使われるのは、倫理性というものを主題にしているからだが、まさにそれゆえに、「先生」の人物造形に失敗している。一貫して倫理的だった人間が、魔が差して、卑怯《ひきょう》なことを言ったりしたりすることはある。だが読者が胸に描いてきた「先生」が、かつて恋敵のKに対し、あそこまで臆面なく卑怯でありえたこと、しかもだらだらと卑怯であり続けたことが、

読んでいて少しも納得できないのである。あんな部分を高校時代に読まされたら、のちに漱石を読む気がしなくなるだろう。

だがこのような失敗がいかにも漱石らしいのは、漱石の文学が、倫理性というものを、常に過剰なほど真剣に問うているからである。それも『こころ』のように正面切ってだけではなく、登場人物の言葉の端はしや喜劇的な状況を通してでも問うている。私は谷崎潤一郎も尊敬しているが、彼を読む時には、漱石のような精神と向かい合っている気はしない。

①を選んだのは、愉快なうえに、読みやすいので、いつか『こころ』の代わりに教科書に載せて欲しいからである。②は、やはり愉快だからである。③は、面白いが、愉快ではない。だが倫理的であることの可否を実に微妙な形で問うている。主人公の津田は「先生」とちがい、最初からその倫理性が疑わしい人物として登場する。彼が妻のお延《のぶ》に対して卑怯であっても納得がゆく。悪人ではないが、小人たるがゆえ、彼は小さな罪を重ね続けるのである。この未完の作品の続編『続明暗』を女の私が書こうと思ったのも、女に対して卑怯な男を少し痛い目にあわせたかったからかもしれない。

（2016年4月10日）

ガルシア＝マルケスの3冊①

星野智幸・選

①**百年の孤独**（鼓直訳／新潮社）
②**コレラの時代の愛**（木村榮一訳／新潮社）
③**予告された殺人の記録**（野谷文昭訳／新潮文庫）

　ガルシア＝マルケスにのめり込んだのは、会社を辞めようと決めたころだった。バブルの真っ最中だったが、私は日本社会に息詰まりを感じており、脱出しようと思っていた。一見、何でもありのようでいて、じつは空気を読むことを強要される社会だったからだ。

　本当に何でもありの土地へ行ってみたい。日本の閉鎖的な空気に守られないと生きていられないような人間には、なりたくない。

　そのような気分から、日本の常識が通用しないような土地を求めた。ガルシア＝マルケスの小説を読んだとき、直感的に「ここだ」と思った。ラテンアメリカである。最終的に私は、マルケスの故郷であるコロンビアではなく、マルケスが移り住んだメキシコを選んだ。

　こちらの常識が通用しないということは、読んでも簡単には理解できないということでもある。理解に至るまでに労力がかかる。それが心地よかった。私は、すでにわかっていることではなく、想像もつかないほどわからない世界に身を置いてみたかったのだ。わからないなりに何度も読み、考え、感じていくうちに、その世界に次第にピントが合ってくる。理解できるのだと思えることは、生きるための自信につながる。

『百年の孤独』も最初は手間どったけれど、何回めかには読み終わるのが寂しくて、わざとゆっくり読んだ。

マルケスがすべての小説で書いていることをひとことで言えば、「愛」だ。ただし、その「愛」が意味するものは、とてつもなく巨大で矛盾に満ちている。『百年の孤独』は、「愛」に見放された神話的な一族が、ついに「愛」にたどり着くまでの歴史の書だ。「愛」の臨界を、若いときに成就しなかった恋の、老齢になっての行方として描いたのが、『コレラの時代の愛』である。究極のラブストーリーとも言えるし、その破壊とも言える。

「愛」が、因習と結びついた運命に拮抗《きっこう》するものであり、かつ努力で習得する経験知であることを、緻密に証明してみせるのが、『予告された殺人の記録』。文学史上、最も完璧な小説だ。

ラテンアメリカに住んでみると、あちらの人たちは本当にマルケスの描く「愛」に翻弄《ほんろう》されて生きていることが実感できる。それは相手に成り代わりたいほど強い感情であり、それがあるから生きていられるような生命の核。今の日本が切実に必要としているのも、それだろう。

（２０１１年12月11日）

ガルシア＝マルケスの3冊②

小野正嗣・選

①**族長の秋**（鼓直訳／集英社文庫）
②**コレラの時代の愛**（木村榮一訳／新潮社）
③**百年の孤独**（鼓直訳／新潮社）

破格の作家である。書いた長編小説のすべてが傑作で、どれも文体と手法が異なる。しかもそれら傑作群を通して、〈文学〉の長く複雑な歴史を生き直した。そんなことができたのはガルシア＝マルケスだけだ。

カリブ海の架空の小国の独裁者の死を描いた『族長の秋』は実験的な小説だ。物語を追っているうちに、頁《ページ》から立ち昇るいつ果てるとも知れない過剰な生の熱気と死の腐臭に圧倒され、目まいを覚える。百年近く国家に君臨したとされる年齢不詳の大統領の遺体の描写から、その死に至るまでの途方もない生涯が、「われわれ」民衆の視点から語り出されるのだが、そこに大統領自身も含むさまざまな個人の意識や言葉が変幻自在に編み込まれる。散文詩でも呪文のようでもある音楽的な文章は、小説における二十世紀的な方法意識の一大到達点であろう。

『コレラの時代の愛』は一転、小説の黄金時代とも言える十九世紀的な長編小説であり、究極の恋愛小説でもある。なにせ愛する女と一緒になるのを五十一年九ケ月と四日（！）待ち続けた男の物語なのだ。半世紀も待つなんてありえない？　ところが言葉の魔術師ガルシア＝マルケスは、舞台となる十九世紀から二十世紀初頭のコロンビアのカリブ海沿岸（彼の出身地でもある）の風俗や街並みを、そこを満たす人々の声、物音、匂い、空気の肌触りまで伝わってくるほど徹底的に描き込むことで、現実を超えるリアリティーを出来《しゅつらい》させる。彫琢《ちょうたく》された表現が石のように積み上げられ、壮麗な大伽藍《だいがらん》になっていく。読後、その崇高さの前に立ち尽くす我々の耳に、永遠を告げる鐘の音さながら主人公の最後の台詞《せりふ》の余韻がいつまでも残る。

　そしてもちろん『百年の孤独』。マコンドという町を創建したブエンディア一族という「百年の孤独を運命づけられた」家族の栄華と滅亡を語るこの小説で、ガルシア＝マルケスは、世界中、とくに植民地化や近代化を強いられた非西洋地域の作家たちに深い衝撃、進むべき指針と励ましを与えた。錬金術さながら、ギリシア悲劇、中世の騎士道物語、ラブレーやセルバンテス的伝統、民話やお伽噺《とぎばなし》を、近代西洋の発明した小説という器に溶かし込み、辺境の土地に息づく豊穣《ほうじょう》な〈語り＝騙《かた》り〉の炎で煮立て、誰も目にしたことのない〈不滅の宝〉を取り出した。その製法をこの小説に残して、我らが愛する魔法使いは永遠に旅立った。心から黙禱《もくとう》。

（2014年5月25日）

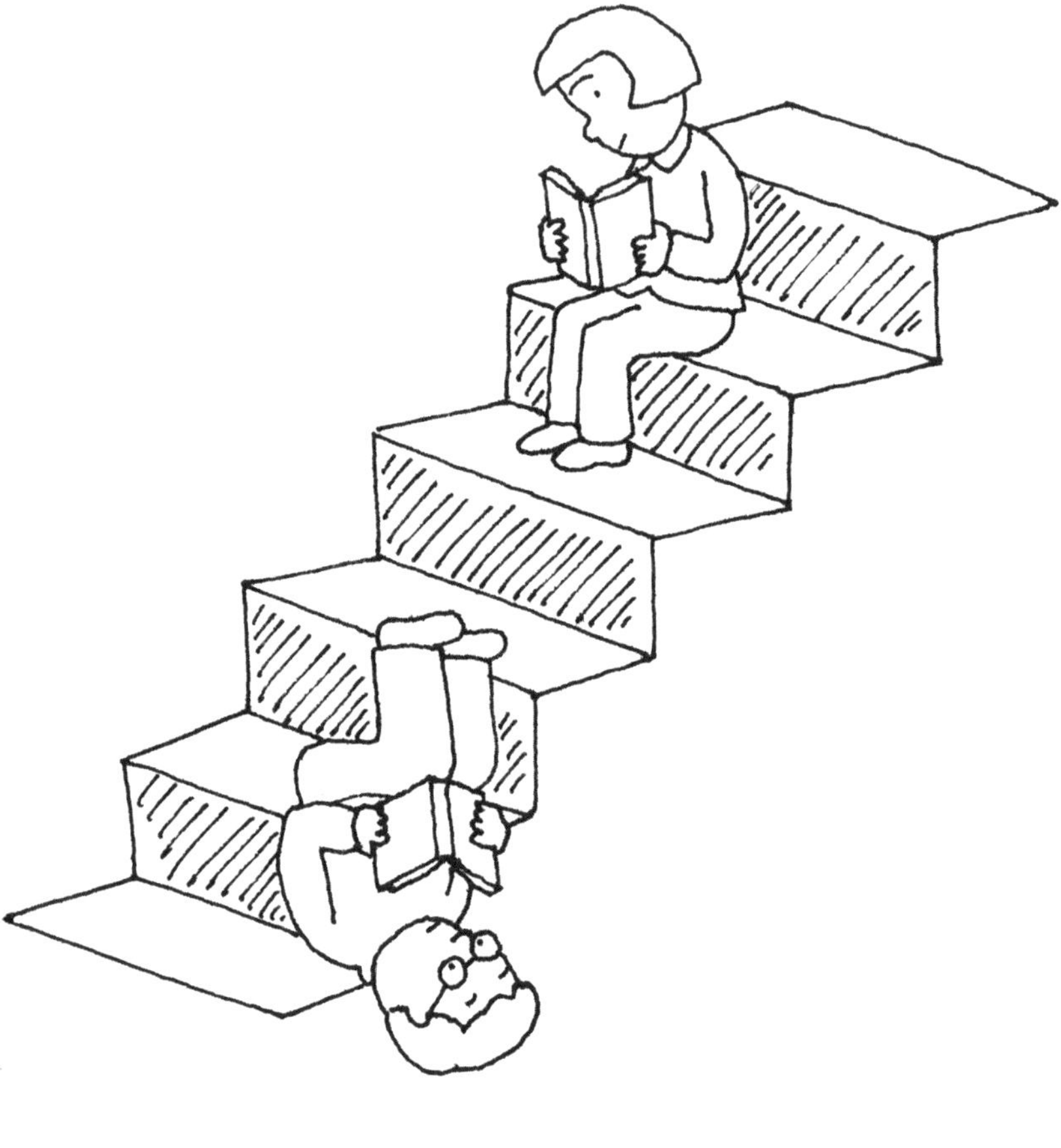

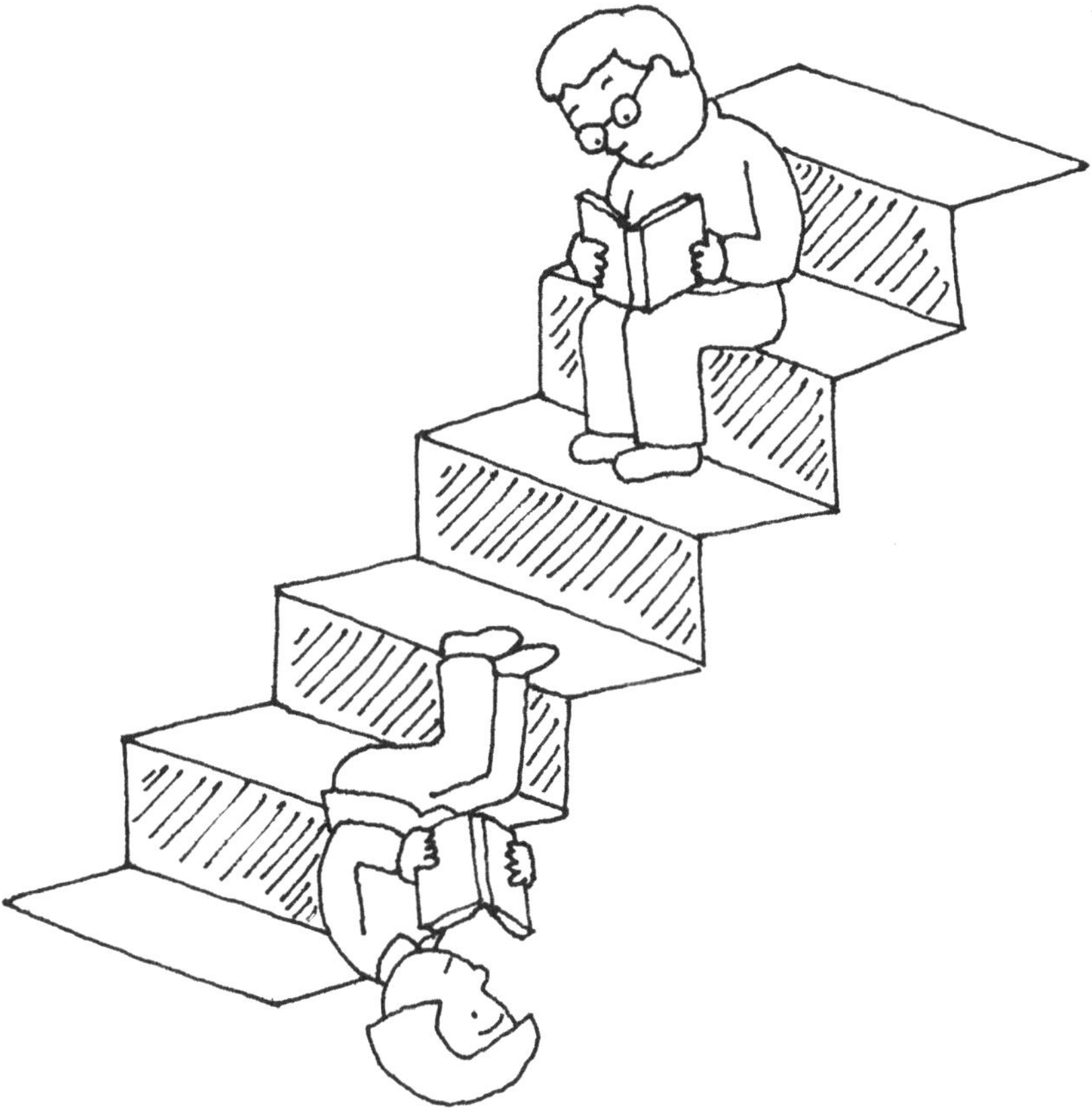

郵 便 は が き

料金受取人払郵便

麹 町 局 承 認
1763

差出有効期間
2022年1月31日
まで

切手はいりません

102-8790

209

(受取人)
東京都千代田区
九段南 1-6-17

毎日新聞出版

営業本部　営業部行

ふりがな	
お名前	
郵便番号	
ご住所	
電話番号	(　　　　)
メールアドレス	

ご購入いただきありがとうございます。

必要事項をご記入のうえ、ご投函ください。皆様からお預かりした個人情報は、小社の今後の出版活動の参考にさせていただきます。それ以外の目的で利用することはありません。

毎日新聞出版　愛読者カード

本書のタイトル「　　　　　　　　　　」

●この本を何でお知りになりましたか。

1. 書店店頭で　　　　2. ネット書店で

3. 広告を見て（新聞／雑誌名　　　　　　　　）

4. 書評を見て（新聞／雑誌名　　　　　　　　）

5. 人にすすめられて　　6. テレビ／ラジオで（　　　　）

7. その他（　　　　　　　　）

●どこでご購入されましたか。

●ご感想・ご意見など。

上記のご感想・ご意見を宣伝に使わせてくださいますか？

1. 可　　　2. 不可　　　3. 匿名なら可

職業	性別 男　女	年齢 歳	ご協力、ありがとうございました

III 作家VS作家

沢野ひとし・選

椎名誠

①波のむこうのかくれ島（新潮社）＊1
②にっぽん・海風魚旅（講談社）＊1
③海浜棒球始末記（文藝春秋）＊1

本格的な夏がおとずれたのに、相変わらず日本の中年おじさんは元気がない。いま、おじさんたちは出口の見えない不況の中で、ひたすらあえいでいる。「海水浴に行こうよ」「南の島に行きたい」。そんな妻や娘の声を耳にしても、おじさんたちは空気を黙って浄化している炭のように家でかたまっている。そんな中で「海だ」「島だ」「浮き球野球」と一人騒ぎまくっているおじさんがいる。作家の椎名誠だ。地元の漁師より日焼けし、日本の北から南の島へとあそびまくっている。紀行文なのか「どうだ、オレはこんなに自由なんだ」という自慢話なのかわからないが、この夏におすすめの三冊を紹介しよう。数多くある椎名本からこの三冊を選んだ理由は文章の間からたえず潮風が吹いているからである。『波のむこうのかくれ島』のように、椎名の旅もの、島もの紀行文でうれしいのは、高級リゾートホテルやうまい居酒屋の話がでてこない点である。泊まる所もテントか安い民宿、食べるものも地元の市場と全体に安上がりにできている。そして訪ねる所も小学校と何一つゴージャスな旅はしていない。さらに海岸でひろった棒切れで地元の少年たちと野球と全体に簡素なものである（それが最高に贅沢《ぜいたく》な旅ではあるが）。

『にっぽん・海風魚旅』も島の旅の本。日本の海岸線がどこもコンクリートの工事でうめつくされていると嘆くが、写真で出会った人々の表情がどれも明るく、とりわけ子供たちのあどけない姿に心うたれる。昔はどこにでもあった日本の原風景に郷愁さえおぼえる。

『海浜棒球始末記』は、本人がいたく凝ってる浮き球野球の発端から、全国に散らばるチームの活動記録の報告書。椎名の好奇心はとどまるところを知らない。

おじさんたちもさらに少年たちもこの三冊を読み、元気を取り戻そう。そして今年の夏こそ、島に旅をしよう。

（2001年7月29日）

長新太

今江祥智《よしとも》・選

①ちへいせんのみえるところ（ビリケン出版）
②くまさんの　おなか（学習研究社）
③絵本画家の日記（ブックローン出版）

もう四十年もつきあってもらい、自分の作品にもどっさり絵をつけてもらったのに、長さんはどこやら蜃気楼《しんきろう》のように思える。そのお人柄も絵も物語も話も、それこそ長さんが引いた一本の地平線の向うに突如出現した蜃気楼、なのである。

一九七八年に出版された『ちへいせんのみえるところ』は、そんな長さんそのものが一冊の絵本に仕立てられた気がして、唖然呆然《あぜんぼうぜん》として眺め、眺め返して飽きることがない。長さんが描く地平線からなら、何がいい出てもよろしいのである。

それから二十年して出た『くまさんの　おなか』は、大きなピンクのぬいぐるみのくまが主人公で、先のとは逆に、このくまさんのふかふかしたおなかには何だって入るのである。くまさんより大きなごりらでも、いやお日さんが入ったって不思議ではない。長さんの絵には、そう納得させるところがある。地平線もくまさんのおなかも、どうやら長さんの脳味噌《みそ》らしいからである。何が出ようと入ろうと不思議ではない。長さんの脳味噌には、そういうシュールな透明感がある。

子供たちは、すんなりと長さんの世界で遊ぶが、ドウシテナノ？と反問して分らなくなるお母さんが

たはまだまだいらっしゃるらしい。『絵本画家の日記』では、さすがに堪《たま》りかねた長さんの辛口の本音が読める。嘆き節のふりをして、しゃあしゃあと言ってのけている。

大竹伸朗さんに絵本を描かせようとする編集者がいて、久しぶりに気分がいい一日——といったあたりで、長さんの笑顔が見える。ふだんはノンシャランとしてはるので、その笑顔がまた実にいいのだ。長さんの仕事についてなら一日中でも話せるが、その美しい原画の前でなら何日だって坐っていられる。夏の「ふくやま美術館」の展覧会が待ち遠しい。それまで私は、長さんの絵本やエッセイや漫画を何度も読み返し見返しては、その変貌ぶりに何度でも吃驚《びっくり》していよう……。

（2002年5月12日）

野坂昭如・選

山藤章二

①**山藤章二のブラック・アングル25年　全体重**（朝日新聞社）＊1
②**アタクシ絵日記　忘月忘日1〜8**（文春文庫）＊1
③**談志百選**（立川談志著、山藤章二画／講談社）＊1

三十年前、連載雑文に、山藤章二画伯の、画を添えて戴く光栄を忝《かたじけ》なくした。原稿遅延、画伯は頭に出刃突き立てたわが似顔を描かれ、「おどりゃ、はよ書かんかい」と文字入り。これは当方が悪いしこの「文字」は新機軸。文章と絵よく合っていた。

ところが以後、物書きとしてわが盛りの時期、よく画伯はしゃっ面《つら》写しなされ、これがひどかった。俺は醜男である、にしても顔の下半分チンパンジー、時に全身像なら、品下った、プレスコードぎりぎりの仕草所作を写した。逆恨みは承知、山藤似顔絵の底に煮えるものは悪意と思いこむことにした。でなきゃ救われぬ。やがて、下り野坂ころげ始め章二はショウジんと才相まって、山華やかに藤の色どり。武者小路、岸田の代表作は、画伯のみたての具に供されてこそ後世に残り、達磨大師の修行地山梨と定まる。世界に類のない画風確立、肖像画家数あれど、悪意似顔絵ならば大和の山富士。

かつてその作品の雑誌掲載後、編集部床に打ち棄てられているのをみて、怒り心頭、ヤマブシみたいに怒れたのは昔のこと。今、温厚篤実、銀座に似合うダンディ、句会じゃ常に一位。だが根は悪意に変りない。句会で、マジックのぼくに、「筆で書けばごま化せるのに、しかし下手な字だなあ」芸術院習

字部会員みたいな表情、天才は容赦なきものである。
今、似顔絵という前人未踏の分野を確立、諷刺、からかいじゃなく、見たて、うつり、においを伝えて見事。軽妙な文章、あまつ冴え渡るラジオ口演、ヤマフジ商事大繁昌。画伯の多彩な著作。選ぶのに苦労した、みな同じに面白い。そしてぼくは、ワクワクしている。善意の天才、『似顔絵物語』の著書もある和田誠画伯の筆が、山藤章二の生の姿をいかに表現するか。果して底に悪意は？ なんだか、名勝負の予感。（2002年9月15日）

久世光彦・選

白洲正子

①**いまなぜ青山二郎なのか**（新潮文庫）＊1
②**青山二郎全文集　上・下**（青山二郎著／ちくま学芸文庫）＊2
③**白洲正子自伝**（新潮文庫）

私が白洲正子さんに寄せる愛着と、恋慕の気持ちは、多くの人たちのような侘《わ》びや寂びや風流や、あるいは書画骨董などを通した美の使徒としての白洲さんではなく、大正から昭和にかけての、あの華やかな時代を若い鹿のように駆け抜けた、一人の〈少女〉への想いである。

数多く残された白洲さんの写真の中で私が一番好きなのは、大正四年、五歳のころに撮影された、祖父の樺山伯爵の膝に、白い洋服、白いストッキング姿で抱かれた驕慢な〈少女像〉である。海軍の礼服姿も厳しく、堂々と写っている伯爵に劣らず、その目に矜持《きょうじ》の色を漲《みなぎ》らせているのが五歳の〈少女〉なのだ。私の白洲正子は、何よりも先ず、古典的な〈少女伝説〉の主人公であった。

私には彼女が、野溝七生子《なおこ》や矢川澄子が一生追いかけつづけた〈永遠の少女〉の生きた実例のように思われる。怜悧《れいり》で奔放で、あくまで誇り高く、〈少女〉の美点を見境なく身につけて、近代から現代への光り輝く道を疾走する〈韋駄天《いだてん》正子〉の姿は、さぞ可愛らしく、美しかったことだろう。

その交遊の世界も、豪奢《ごうしゃ》な宝石箱のようだった。青山二郎がいて小林秀雄がいて、河上徹太郎がいた上に、大岡昇平までいた。永遠の少女は、これら知性に溢れた具眼《ぐがん》の士たちに可愛がられ、酒を共にし

ては、折々の〈美〉について教えられた。これを恩寵《おんちょう》と言わなくて、何と言おう。白洲正子は生れついての〈恩寵の子〉であった。

この人には〈昭和文壇の裏面の女〉と言われた、ムーチャンこと坂本睦子という親友がいた。昭和三十三年に睡眠薬を服《の》んで死んだ銀座の女だった。白洲さんは『いまなぜ青山二郎なのか』で、ムーチャンへの血を吐くようなオマージュを捧げている。賢く穏やかな文章しか書かなかった〈少女〉の白洲さんにしては、めずらしく千々に乱れたものだった。

（2003年12月7日）

高井有一・選

吉村昭

①陸奥爆沈（新潮文庫）
②桜田門外ノ変　上・下（新潮文庫）
③冷い夏、熱い夏（新潮文庫）

証言者の語った回想を公式記録で裏付けるという方法で、吉村昭は戦史小説を書いた。それ等のうち『陸奥爆沈』は、一九四三年六月に柱島泊地で爆発、沈没した巨大戦艦の謎を作者が足を使って解明する過程を小説にしたため、その方法の特徴が鮮明に現われている。事故の犠牲となった下級兵士の生活にまで取材の網を拡げて「闇に塗りこめられたトンネルを手さぐりで進むような日々であった」とあとがきにあるが、書き上げた後の感慨はひとしお深かったに違いない。

主に幕末の時代を背景にした歴史小説でも丹念な探索を怠らなかった。学者や地方史家に教示を得、資料を渉猟するだけではあきたりず、人物の行動した土地を訪ねて行くのである。そこで昔の名残りを留める風物を眺めて、初めて作者の内部で物語が動き出すのだろう。

『桜田門外ノ変』の主人公は、事件の現場指揮を執った水戸藩士関鉄之介である。彼とその同志は、大老暗殺には成功したものの、薩摩藩と連携して攘夷に突き進む夢は破れ、幕吏に命を狙われて長い逃亡の日を送らなくてはならなかった。彼等の足跡を追って作者が歩いた土地は、水戸を初め、福井、宇和島、鹿児島等々十を越える。その結果、時代を動かそうとして時代に殺された人間の悲哀が、強く印象

づけられることになった。
『冷い夏、熱い夏』は私小説である。幼時から最も身近な間柄だった二歳違いの弟が癌に冒されたとき、作者は自身の信じる死生観にもとづいて、事実を弟に隠し通すことを決意する。周囲の者に厳重口止めをしたばかりか、弟に読ませるのが目的の贋《にせ》の日記まで用意をした。そうした行為が、弟を愛し、よりよく死なせるためのものだったことは疑いようがないが、同時に日頃は露わにしなかった吉村昭の厳しい性格の一面が読み取れる気がする。最も正確に自らを語った作品と言えるかも知れない。

（2006年8月27日）

加藤典洋・選

小川洋子

①**冷めない紅茶**（『完璧な病室』所収／中公文庫）
②**ドミトリイ**（『妊娠カレンダー』所収／文春文庫）
③**博士の愛した数式**（新潮文庫）

小川洋子さんとは数年前から一年に一度、ある賞の選考委員会でお会いしている。それまでに準備してきたご自分の考えを、ゆっくりと、でもしっかりと、まるで自分に向かって言い聞かせるように、言葉にしていく。そんな様子を見ていると、その作品と似ているなと思う。

その小川さんの作品をはじめて時評家として読んだのが、「冷めない紅茶」。これが実は主人公が異界を訪問する話だということを、文芸評論家の誰もが気づかず（僕を含めて）、かえって建築史家の藤森照信さんが、そのことを指摘した。このへんなことの目立たなさ。へんなことを目立たない形で書くところに、この人の特徴、芯の強さと線の細さがある。自分に向かって書く。自分に向かって話す。相手がそこにいないこと、自分の声が相手に聞こえていないことが、この人の話し方には、必要なのだが、しかし、それはむろん、誰かに聞き取られていなければならない。この作品の解説に、ふつうは解説に似合わない、そんな意地悪なことを書いたら、小川さんからハガキを戴いた。棘《とげ》のあることを書いたことへのねぎらいの言葉があった。

僕の一番好きな短編が、『妊娠カレンダー』に収録された「ドミトリイ」で、この作品には両手と右

足のない人が出てくる。これは、日本では評判にならなかったけれども、フランス語に翻訳された際には、収録の短編集の標題作に選ばれている。タイトルは「ミツ蜂」（"L'abeille"）。小川さんの作品は『博士の愛した数式』で一挙に多くの読者を獲得することになった。でも、両手と右足がない、不可思議さ。何かが欠けている世界のいびつさが、一見、不可思議でも、いびつでもないものとして、作中に浮かんでいる。そのプラスとマイナスが加算されて、ゼロになっているところ。その「何もないことの奇妙な気配」が、小川さんの作品の真骨頂である。

（2006年9月10日）

リービ英雄・選

中上健次

①岬（小学館文庫『岬・化粧』所収、文春文庫）
②枯木灘（小学館文庫、河出文庫『枯木灘・覇王の七日』所収）
③千年の愉楽（小学館文庫、河出文庫）

パワーと感受性の両方を奇跡的に具有し、一九七〇年代後半から一九九〇年代初頭にかけて、一人の作家がそのまま現代文学の勢いとなったように生きていた。一つか二つの世代に徹底的な影響を与えた中上健次の小説の中から三作だけを取り上げるのはむずかしい。中上健次の文学はまさに英語の文芸用語でいう一つの「ボディ」、作品群の有機体をなしているのである。その中の「マイナーな作品」もより大きな表現を模索して、その中の「大作」も完成しつつ開き、さらなる展開の可能性をかならず孕《はら》んでいた。

近年はすこしずつ出てきた外国語訳をふくめて、中上文学の新しい読者は、たぶん、中上の同時代の読者と同じく、まずは『岬』からその世界に入るのだろう。和歌山県新宮のあの「路地」そのものは、おそらく英訳不可能だろう。しかし、あの「路地」の中にいてその濃厚な関係性を自覚する二十四歳の青年のストーリーを一度体験した読者は、たとえなに人であっても、もうひとつ大きな「語りの誕生」に出合ったという確かなエキサイトメントを覚える。

一つのローカルな区域の中にある関係性を肉化したことばがそのまま、全世界に通じる。狭い領域か

ら無限な広がりが生まれてくる。それが「路地」の物語の不思議な弾力性であり、二十一世紀になってから見える、『岬』をさらに深めた『枯木灘』という長編小説の「新しさ」でもある。「秋幸《あきゆき》」という主人公から始まり、中上健次が関わりという文学の根元的な課題を背負い、次から次へと、小説の新しい「ボディ」を築き上げたのである。

その中から、あえてもう一冊を言うなら、ぼくは『千年の愉楽』、あの路地を歴史にさらして、信じがたいほどの時間の奥行きを探りながらさらに語り直した、連作という日本独自の形式から成った、世界文学のもう一つの「大作」を選ぶ。

（2007年1月21日）

松浦弥太郎・選

花森安治

①**一戔五厘の旗**（暮しの手帖社）

②**巴里の空の下オムレツのにおいは流れる**（石井好子著／暮しの手帖社）＊1

③**花森安治の編集室**（唐澤平吉著／文春文庫）

※②は河出文庫版あり

『暮しの手帖』初代編集長の花森安治は何でも出来た人と知られている。表紙絵からイラストカット、レイアウトデザイン、文章、写真といった雑誌作りに必要な手仕事は、何でもござれ天下逸品だった。そして花森自身が手がけたその一つひとつが『暮しの手帖』の個性となり魅力となり、昭和を生きた人々の暮らしを明るく照らすともしびとなった。おかっぱ頭の花森の風貌《ふうぼう》もまたそれをアピールした。スカートを履いていたという逸話もあるが、さすがにそれは噂である。しかしそのくらいに花森の個性と仕事ぶりは、生活者の暮らしに強烈なものであった。名物企画となった「商品テスト」は、花森が掲げる、生活者の為の真のジャーナリズムを具現したものと知れ渡った。

花森の自著『一戔五厘《いっせんごりん》の旗』の読みどころに「商品テスト入門」がある。ここに現在も続く『暮しの手帖』の基本理念が発見できる。

何でもできた花森と書いたが、花森と二人三脚で『暮しの手帖』を築いた、現社主の大橋鎮子によると、実は料理だけはまったくできなかったと言い切る。意外な事実と知られよう。

『巴里《パリ》の空の下オムレツのにおいは流れる』は、花森仕事を代表する一冊だ。そのタイトルのセンス、

美しくモダンな装幀《そうてい》とイラストカット。さらにいえば、パリで暮らしはじめたシャンソン歌手の石井好子に、専門外の料理エッセイを書かせたところに、花森の卓越した先見力が見られる。ありあまるエピソードは、八年間編集部に所属した唐澤平吉の『花森安治の編集室』にたっぷりと記録されている。

手前みそになるが、戦後まもない頃から昭和を雑誌と共に生き抜いた、花森安治を主人公にした「暮しの手帖物語」というドラマでもあれば、大変面白いのではないかと思うばかりだ。花森が生んだ『暮しの手帖』は来年で六十年になる。

（2007年8月12日）

津野海太郎・選

植草甚一

①**ワンダー植草・甚一ランド**（晶文社）

②**新装版　植草甚一自伝**（植草甚一スクラップ・ブック40／晶文社）＊2

③**植草甚一の読書誌**（シリーズ植草甚一倶楽部／晶文社）＊1

植草甚一は関東大震災の申し子だった。

より正確にいうと、震災後の廃墟《はいきょ》と化した東京に生まれた、「新しいのはそれ自体としてよいことなのだ」という考え方（ひろい意味でのモダニズム）に魅せられ、戦中も戦後も、それを身についた信条として、ごく自然に押しとおして生きた人だった。

自然ではあったけれども、同時に、かなり極端でもあったな。その意味ではへんな人。そんな植草甚一のへんな魅力を、まず最初に発見したのが一九六〇年代の若者たちである。

したがって本来であれば、この若者たちによる発見のきっかけとなった『ぼくは散歩と雑学が好き』をあげるべきなのだろうが、ここでは『ワンダー植草・甚一ランド』を。ジャズや映画やミステリだけでなく、ポルノから街歩きまで、希代の「新しいもの」好きの関心領域の総ざらえともいうべき一冊。

植草さんはまた文章に凝る人でもあった。サラッと読めば、気ままにブラブラ歩きしているとしか思えない。あの植甚流の散歩文体は、じつは、そのつど原稿用紙を何枚も書きつぶし、長い時間をかけてつくりあげたものだった。

『植草甚一自伝』もそう。苦心のあまり、話があっち飛び、こっち飛びして、なかなか自伝の筋がとおってくれない。でも面白い。思うに植草さんは告白や懐旧がいやだったのだ。震災後の東京での左翼少年、モダニスト青年としての過去を自己愛ぬきで語るには、こうした迷路じみた語り口が必要だったのだろう。

専門のない植草さんにもひとつだけ、これをじぶんの本業にしたい、と考えていたことがあった。最新の欧米文壇ジャーナリスト。ただし、ちょっと高級な。没後に編まれた『植草甚一の読書誌』を、この、とうとう半分も実現しなかった植草さんの夢の見本として。

（2008年12月7日）

巖谷國士・選

澁澤龍彥

①フローラ逍遙《しょうよう》（平凡社ライブラリー）
②玩物草紙（中公文庫）＊2
③胡桃《くるみ》の中の世界（河出文庫）＊2

この八月五日が澁澤龍彥の十三回忌だった。もうそんなに経《た》つのか、と驚く人も多いだろう。本屋へ行けばたいてい著書がならんでいるし、若い読者も年々ふえていて、故人をなぜか親しげに「澁澤さん」と呼んでいたりする。五十代までの肖像写真しかないこの作家のイメージは、いまも近所のかっこいい博識のおじさんかお兄さんなのかもしれない。

夏の好きな人だった。生前を偲びながら北鎌倉の小路を歩いていると、百日紅《さるすべり》や時計草が目にうつる。博物誌ふうのエッセーを本領のひとつにして、古今東西の文献を渉猟し、動物・植物・鉱物のことを書きつづける作家だったが、一方ではそういう身近な事物、とくに植物を愛でてもいた。

『フローラ逍遙』は美しい花々の絵で飾られた晩年のエッセー集で、二十五種もの花を語っているのだが、珍奇な花、高級な花などはいっさいふくまれていない。すべて身辺にたまたま咲いていた花、旅で出会った花、幼少期に親しんでいた花ばかりである。例のとおり博引旁証《はくいんぼうしょう》もあるけれど、語りはゆったり・のんびりしてして、郷愁のトーンがそこはかとなく心に沁みる。

以前の『玩物草紙』にも「花」という章があった。好みの花はタンポポだと打ちあけている。一九六

〇年代の過激な作家像からすれば意外かもしれないが、一歩すすんだ愛読者にはわかるだろう。ことさらに優美でも華麗でもなく、象徴解釈や衒学趣味などからも遠いタンポポという野草は、形が単純で幾何学的なうえに名前もかわいい。澁澤さんのオブジェへの好みはそういうものだったのである。

この本のタイトルは「玩物喪志」のもじったもので、自身の「オブジェ愛」を幼少期の回想につなげているのだが、そのようなオブジェ愛の発露は『胡桃の中の世界』にはじまっていた。石や卵や貝殻、時計や球体や庭園などについて自由に淡々と語る文体が、『思考の紋章学』をへて、のちの小説を用意することになる。胡桃のなかの小宇宙に閉じこもるように見えながら、はるかな時空の旅を夢みているような幸福な書物だった。

北鎌倉の時計草のむこうに、いまも澁澤さんが佇《たたず》んでいそうに思える。時計の文字盤とよく似たこの不思議な夏の花も澁澤さんは大好きで、『フローラ逍遙』ではそれにまつわるさまざまな見立てと象徴に触れている。そのようなアナログ（類推）思考をつらぬいているからこそ、この三冊はいまでも懐かしく、しかも新しい。

（2009年8月9日）

青山南・選

平岡正明

①**チャーリー・パーカーの芸術**（毎日新聞社）＊1
②**大落語　上・下**（法政大学出版局）
③**昭和ジャズ喫茶伝説**（平凡社）

話題を変えるときの接続語というと、真っ先にあがってくるのは、「ところで」と「そういえば」だが、今年の七月に亡くなった平岡正明さんは、明らかに、「そういえば」を生きた人だった。「そういえば」という言葉を乱発したというのではない。発想のしかたが、思考の展開のしかたが、「そういえば」で、なにを語っていても、関連したなにかが、あるいは関連してなくてもなにかが頭に浮かんでくると、ひょいと話題を変えて話をつなげていった。

いちおう、主たるテーマはあるが、語りを始めたら、あとは、頭に浮かんでくるものにしたがって話を展開し、ちょっと詰まったら、またテーマにもどるという方法。これは、バップ・ジャズの即興演奏のやりかたでもあり、それを聴いているときのこっちの快感は、どんどん奔放に広がっていく展開そのものから得られる。平岡はそれを言葉でやってくれた、やりつづけてくれたのだ。

「『思想のテキヤ稼業』と自分では呼んでいる」と平岡は、『日本ジャズ者伝説』（平凡社）で、自分の仕事について語っているが、これは要するに、即興演奏者だということ。楽器でこそバップ・ジャズはやらなかったが（やってたのかな？）、言葉でバップ・ジャズをやった。

言葉で演奏する芸のひとつである落語に、平岡は幼い頃《ころ》から馴染《なじ》んでいた。『大落語』を読むと、落語のエキスが平岡の体にすっかり染みこんでいるのがわかる。だから、オチをつけたりダジャレを連発するのもお手のもので、身についている。かくして即興演奏もだんぜんガハハと笑えるものとなる。

平岡がいちばん嫌っていたものは、理路整然や起承転結。きちんとまとまっているものは絶対的につまらない、と考えていた。脱線することに集中すること。平岡はそれをやりつづけた。

（2009年10月25日）

磯﨑憲一郎・選

保坂和志

①書きあぐねている人のための小説入門（中公文庫）
②残響（中公文庫）
③未明の闘争（講談社文庫）

来年でデビュー二十周年を迎える保坂和志の、日本の現代文学における最大の功績は何といっても「猫が猫である（象徴や比喩《ひゆ》ではない）」小説を歴史上初めて書いたことだが、それと同じか、もしかしたらそれ以上に大きな功績は「文体とは情報の構成・密度である」と言い切ったことだと私は思っている。文体、というとふつうは言葉使いの硬軟とかセンテンスの長短、会話文の多少の違いなどと思われ勝ちなのだが、小説の場合はそんな表面的なことではなくて、ひとつの場面を描くときに書き手が必ず行っている、何を書いて何を書かないかの取捨選択、更にはその抜き出した情報をどういう順番で、どのように再構成するかという「出力の運動」こそが小説における文体なのだ、と保坂は言っている。私は保坂和志と出会って初めてそういう考え方があることを知った。私の書く小説はその実践でもある。

①は小説家志望者向けの小説作法の入門書だが、右に書いたような文体や描写に対する保坂の考え方に興味を持った人、もっと詳しく知りたい人はぜひ読んで欲しい。小説が書かれる目的からテクニックまでを順序立てて、とても分かりやすく説明している。自作完成までの試行錯誤の跡を辿《たど》った「創作ノート」も付いている。

②に対して、保坂自身が「三十年後、五十年後も読まれるべき自分の小説はこれ」と言っているのを聞いたことがある。それぐらいの時間が経《た》っても決して色褪《いろあ》せない小説。私たちが普段おぼろげに感じている、世界の連続性のようなものを見事に提示している。併録の「コーリング」が特に素晴らしい。

③は連載開始されたばかりの七年ぶりの小説。どこまで手荒に扱っても壊れないものか、小説という形式の頑強さを試しながら書いているような印象を私は持った。

（2009年11月15日）

伊集院静・選

海老沢泰久

①**監督**（文春文庫）＊1
②**Ｆ１地上の夢**（朝日文芸文庫）＊2
③**帰郷**（文春文庫）＊2

「まったく無名の作家が書いた野球小説がえらく評判で、ともかく面白いらしい」。かれこれ三十年前、本好きの間で一冊の本が話題になっていた。

当時、コマーシャルの演出家をしていた私は、野球が小説になるのか、という興味とともに東京＝大阪への出張の新幹線でこれを読んだ。著者は海老沢泰久、なるほど聞いたこともない。『監督』という題名。冒頭から引き寄せられた。いや面白い。プロ野球の球団フロント、チーム、彼らを取り巻く人々の群像があざやかに浮かび上がった。最後の一行を読み終えたのは帰りの車中で、しかも物語の方も主役、広岡達朗とナインが新幹線で決定的なシーンに遭遇しピリオドを打った。野球に対して、素晴らしい目を持った作家だ。私は興奮し、スポーツ小説の未来はまぶしいものに感じた。この小説の魅力はゲームだけで野球を知るファンに野球の深淵《しんえん》をのぞかせたことだ。山口瞳に〝本作が初めての野球小説の成功ではないか〟と言わしめたほどだ。以来、海老沢の名前は私の胸に刻まれた。

十数年後、私はまた感動を彼から受ける。『Ｆ１地上の夢』である。世界最速のエンジンと車を作り、日本人がＦ１グランプリに挑む。本田宗一郎とはこんな人物だったのか。ホンダという会社にはこうい

う自由で、夢を追い求めるイズムが流れていたのか、と感心した。それはすべて海老沢の取材能力の確かさと、彼の素晴らしい目がそう思わせたのである。ノンフィクション作家としての海老沢の真骨頂が実によくあらわれている。三冊目は短篇《たんぺん》集『帰郷』をすすめたい。人間の生のあやうさと、はかなさが静《せい》謐《ひつ》な文体で見事に語られている。海老沢とは同年齢ということもあり、ゴルフなどを一緒にプレーした。彼ほど当人の生き方と作品にブレがない作家はいなかった。反骨、情愛を大切にした実に見事な男であった。

（2010年2月7日）

鴻巣友季子・選

林真理子

①**不機嫌な果実**（文春文庫）
②**anego**（小学館文庫）
③**下流の宴《うたげ》**（毎日新聞社）

わたしは林真理子の小説が大好き。でも書評したことは一度しかない。なぜかと言えば、自分がどんなに意地悪な人であるか露見してしまいそうで怖いからだ！　作品のどんな所にワクワクし、どんな所でほくそ笑んだか。どの男性を馬鹿《ばか》にし、どの女性を応援したか……。

林真理子という作家は、『ボヴァリー夫人』の変奏曲を、現代の日本に舞台を移して書き続けてきた人だとわたしは思う。そう、フローベールの描いた田舎医者の奥さん、エマ・ボヴァリー。夫の地位、収入、教養、ルックス、センス、あらゆる点に納得がいかず、不倫を重ねて自滅していく。本当ならわたしはもっと（お金持ち）（幸せ）（愛される女）のはず……と。

林版ボヴァリー夫人の代表格といえば、傑作『不機嫌な果実』の不倫妻・麻也子だろう。美意識の高いエマと麻也子が、センスに乏しい夫をこきおろすくだりを見てみよう。エマが「（夫の）話は歩道のように平凡で、月並みな考えがふだん着のままそこを行列していく」ような人生だと貶《けな》せば、麻也子は「（夫が）おそろしく趣味の悪い（狐《きつね》と熊の柄の）ネクタイを濃いストライプ柄のシャツと合わせた」と怒り爆発。「自分を特上の女だと思っている『中の上』ぐらいの女」の不満を描かせたら、林真理子は

人後に落ちぬ。ヒロインも意地悪だが、その愚かさをクールに炙《あぶ》りだす意地悪な筆もブリリアント！

『ａｎｅｇｏ』の三十代独身の奈央子も、「いつも自分ばかりが損をしている」と嘆く女だが、侠気《おとこぎ》ゆえにますます損な役回りを引き受けてしまう。ドラマ版とは異なり、結末もシニカルを通り越してホラー。奈央子が「本当の自分」を凝視するラストは実に怖い。なのに彼女はまだ先の地獄へと足を踏みだしそうである。ただの負け犬小説とは大違いの迫力だ。

受験格差小説『下流の宴』の主婦・由美子も、「本当の自分」という幻に縛られてきた女性である。幼くして医者の父が急死。母から「本当ならあなたはお金持ちの娘」と叩《たた》きこまれて育ち、自分の子にも「本当ならこの子はもっと……」と期待をかけて苦しむ。一九八〇年代頃《ごろ》に始まる上昇志向と、それを基盤にした女性の自分探し。「本当の自分」という幻を追いかけて墜落する女性たちを、林真理子は三十年にわたり、透徹した目で描きだしてきた。軽快な作風に潜む、おごそかな滅びの美学――わたしを惹《ひ》きつけてやまないのは、そのあたりのようだ。

（２０１０年９月５日）

川上弘美・選

江國香織

①**流しのしたの骨**（新潮文庫）
②**ホテルカクタス**（集英社文庫）
③**とるにたらないものもの**（集英社文庫）

もちろん江國香織さんの三冊を挙げるとすれば、それは恋と愛の物語でなければならない。三冊、と考えながら最初に選んだのは、だから『きらきらひかる』『神様のボート』『がらくた』（以上新潮文庫）だった。どの一冊も、くるおしい恋の物語である。あるいは、そらおそろしい愛の。

『きらきらひかる』は、決して近づくことのできない——体も、心も共に。というか、体と心はなめらかにつながっているので、それらの間に実のところ深いとぎれめはないのだけれど——恋しい相手を、いっしんに見つめる少女の物語である。『神様のボート』は、不在の恋人だけを見つめつづけて生きようと決めた女の物語だし、『がらくた』は、愛が変質することをけっして認めないと決意した女の物語だ。

こうして説明してみると、どの恋のあるいは愛の物語も、なんて孤独でそしてきりりとした決意に満ちているのだろう。愛し合う二人の甘く濃密な、ある種辟易《へきえき》するような癖のある匂《にお》いなどは、そこにはかけらもなくて、あるのはただ、澄みきってひんやりとして張りつめた、淋《さび》しくも美しい景色ばかりだ。

そのいさぎよさ、孤独さこそが、きっと江國香織さんの物語の真髄なのだ。それならば、いっそのこと恋や愛がおもてに顔を見せていない三冊を選ぼうと思いなおしたのだ。もしかすると、ごくささやかか

にみえるふだんの動きの中にこそ、その孤独やいさぎよさが、よりいっそうあざやかに現れるかもしれないから。
『流しのしたの骨』の「母」は、「昔からずっと、朝父を送りだすと化粧をし、夕方父が帰ると化粧をおとして出迎え」る母であり、「ホテルカクタス」という名のアパートには、「三階の一角に帽子が、二階の一角にきゅうりが、一階の一角に数字の2が住んで」いるし、エッセイ集『とるにたらないものもの』の中で、江國さんは結婚して五年めの自分について、「夜中に食器棚をみていると、全部架空のことのような気がする。（中略）結婚も夫も、たぶん実在しないのだ。私の空想の産物なのだ」と書く。
それら「母」や「きゅうり」や「私」の孤独の質は、恋の物語の主人公の孤独の質と、なんら変わることはなかった。誰もが一人で、誰もがそのことに満足していて、けれどその一方で誰もが自分ではない他の存在を、心から求めているのだった。

（2010年10月17日）

岡本太郎

横尾忠則・選

①今日の芸術（光文社知恵の森文庫）
②日本の伝統（光文社知恵の森文庫）
③川崎市岡本太郎美術館所蔵作品集　TARO（岡本太郎美術館編／二玄社）

岡本太郎は元気だった。いや元気過ぎた。ちょっとついて行けないほど元気だった。岡本太郎の著作ならどれでもいい、開いた頁《ページ》から飛び出してくるのは元気な言葉ばかりだ。言葉だけではない、彼の絵画も元気よく飛び出してくる。なぜ芸術は元気でなきゃいけないのか。制作する岡本太郎はまるで戦場で闘う戦士だ。銃を筆に変え、軍服を脱ぎ捨てて裸でキャンバスに向って突撃する。銃弾の代りに絵具を叩《たた》きつける。

一体岡本太郎は誰と闘っているのか、どうも我々には見えない敵らしい。ところで画家は闘う存在なのだろうか。その昔、前衛という言葉が生きていた時代の芸術家は確かに闘っているように見えた。過去の美意識や表現や理念を否定して、「現在」とも闘っていた。だけどそんな時代はいつしか終っていた。

そして振り向いた時、相手もいないのにたった独りで闘っている戦士がいた。岡本太郎だけにしか見えないその敵は巨大なゴーレムだった。我々には幻視と闘う彼の姿が一人芝居のように見えた。我々と言っちゃまずければぼくと言い直してもいい。ぼくには岡本太郎のような敵は存在しなかった。敵という概念さえなかった。でも強いて仮想敵を想定するならば皮肉にも自分であった。

彼の敵は彼を認めようとしない美術界であり、社会だった。彼の著書『今日の芸術』には、「うまくあってはいけない」、「きれいであってはならない」、「ここちよくあってはならない」を芸術における根本条件に挙げている。この岡本太郎の宣言は美の秩序を破壊し、否定している。彼の反逆精神は言論界にも一石を投じた。

当時、彼の芸術三原則に触れた若者の一人だったぼくは大いに戸惑いを感じた。彼の言葉で解放されたというよりむしろ目標を喪失した。この言葉はぼくにとっては猛毒だった。岡本太郎を信じちゃいけないと彼に反撥《はんぱつ》した。そして彼の芸術も否定した。ところがここでふと思った。実は彼の敵は外と同時に内にもいたのではないかと。それは岡本かの子。母は彼にとって愛の対象であった。だが彼女は彼を振り向いてくれない。そんな母に対する愛と反撥が岡本太郎に、実体があってないような抽象的な社会を相手に闘う芸術家像を自ら創造させたのではないだろうか。それが岡本太郎の「今日の芸術」だったとぼくは思う。

（2011年1月9日）

角田光代・選

池澤夏樹

①マリコ／マリキータ（角川文庫）＊1
②きみのためのバラ（新潮文庫）
③カデナ（新潮社）＊1

池澤夏樹には、詩、評論、エッセイ、小説、膨大な著作がある。それは様々な方向に扉があることを意味する。私は大学生のとき『スティル・ライフ』（中公文庫）という扉から入った。この作家は、膨大な教養及び専門知識、深い洞察の奥から、私にもわかる平易な、それでいてうつくしい言葉で語りかけるが、ときに、難解な扉もある。もし『ぼくたちが聖書について知りたかったこと』（小学館）が扉だったとしたら、開けなかったかもしれない。聖書について興味と知識と疑問がなければ、たぶん開けない扉だ。だからここでは、多くの池澤夏樹ファンのブーイングを浴びることを承知で、私のような無知無教養、ばりばりの文系人間でもじつに開けやすく入りやすく、そしておそらくもう出られない扉を三つ、紹介しようと思う。

①と②は短編集。①の出版時、二十代のはじめだった私は感銘を受けるとか感動するとかを超えて、影響を受けた。小説への影響ではない、人生への影響だ。②を読んだときは四年前。何気なく読みはじめて、気づけばものすごいところに連れていかれている。①と②のあいだには、十七年の月日がたっている。この十七年に世界で何が起き、それによってどんなふうに変わったのか、小説には世界情勢など

ひとつも書かれていないのに、両者を読むと、はっきりとわかる。池澤夏樹のすごいところは、そこだ。小説を書きながら、今の世界をまるごととらえているところ。むずかしい言葉をいっさい使わずに、私のような人間にも、（比喩ではない意味での）世界について、世界の未来について、考えさせるところだ。なのに、読後感はきちんと小説のそれだ。ああ、なんとうつくしい場所に私はいってきたのか、なんと気持ちのいい人たちに会ってきたのかと、思わせてくれるのである。

③は七〇年代の沖縄が舞台。ある偶然からほとんど関わりのない四人が、アメリカ軍の北爆情報をベトナム側に伝える「スパイ」となる。徹底的なリアリズムに支えられた小説で、読み手は沖縄の湿気や熱気を感じながら、国籍も生い立ちも異なる彼らをどきどきしながら最後まで見守る羽目になる。そして最後に、知る。これが比類なき恋愛小説でもあることを。

最後に。私はこの作家に、小説とエッセイ、翻訳ばかりでなく、彼の視点から選んだ世界文学を紹介してもらったことを、今、心から感謝している。

（2011年3月13日）

中江有里・選

児玉清

①**寝ても覚めても本の虫**（新潮文庫）＊2

②**負けるのは美しく**（集英社文庫）

③**児玉清の「あの作家に会いたい」**（ＰＨＰ研究所）

＊1

児玉清さんの訃報に触れ「名司会者」とともに「名脇役」という言葉を見かけたが、児玉さんほど主役らしい人はいなかったように思う。いや、天性の主役と申したい。

そう考える理由はいくつかある。出演された番組は長く続いた。主役は世代も時代も越えて愛されて尚《なお》輝く。児玉さんはスタッフにもファンが多かった。また主役は自分への評価が厳しい。周囲の誉《ほ》め言葉を聞き流し、常に自身を冷静に見つめた。その洞察力は筆にも通じる。

『寝ても覚めても本の虫』には講談本をきっかけに本の世界に目覚めたこと、純文学にのめり込んだ中学時代、文学少年だった時期のエピソードが綴《つづ》られる。ある日、姉が好きな少女小説〈甘ったるいお涙ちょうだい〉の本がいかにくだらないかを力説しようと児玉少年は姉の部屋に忍び込んだ。そうして読みだしたところ、少女小説の清らかさに感動し、ミイラ取りがミイラになってしまった。児玉少年の複雑な心中を客観的かつ面白く描いたストーリーは、短編映画のようだ。その後夢中になった英米ミステリーを語るところは、主人公が乗り移ったように情熱的に想《おも》いを記す。きっと児玉さんは脳内でヒーローを演じているのだ。読みながら児玉さんがページをめくる喜びが伝わり、一緒に手に汗握ってしまう。文章から情

熱があふれだし、こちらの心も熱くさせる。
天性の主役・児玉清さんにも弱みがある。照れ屋で清廉潔白な性格は愛される一方で、損もした。自伝エッセイ『負けるのは美しく』に描かれるのは今風に言うと「空気を読まない」新人俳優。「雑魚」扱いに奮起し、九年間身を置いた映画界からテレビへと活動の場を移した経緯。急逝した娘・奈央子さんへの尽きぬ思い。どんな時も自分の信念を貫き、何度も苦い思いをかみしめた。そのうえで「勝利を得られないのなら、美しく負ける」ことをモットーにされていた。生き馬の目を抜くと言われる芸能界で、その潔癖さは逆に存在感を光らせる。
『児玉清の「あの作家に会いたい」』では尊敬してやまない「物語の神様」と対談する。作家たちの心を開き、名言を引き出したのは、児玉さんの本への愛情と人柄によるところだろう。
児玉さんがいなくなった世界に、私はまだ慣れないでいる。せめてもの慰めは、これらの本を残して下さったこと。本を開けば、私のヒーローはいつもそこにいるのだから。

（2011年7月10日）

福間健二・選

佐藤泰志

①佐藤泰志作品集（クレイン）
②きみの鳥はうたえる（河出文庫）
③大きなハードルと小さなハードル（河出文庫）

佐藤泰志は、一九九〇年十月、四十一歳の若さで自殺した。彼は、最後の最後まで、まるで文学という魔物にとりつかれたように書きつづけた。夢を放棄しない若者の、必死の青春。その等身大の姿を現在進行形で描くことからスタートした彼の仕事は、生前は大きく報われることはなかった。でも、それが、死後二十年以上たったいま、多くの読者を獲得している。

ブレイクのきっかけは、クレインという小さな出版社による作品集の刊行と、この作家の故郷函館の人々の全面的なバックアップを受けた、熊切和嘉監督による『海炭市叙景』の映画化である。いいものは、いつか売れる。ほんとうにそういうことが起こるのだ。文庫本が次々に出て、初期作品集も出た。これは、嘆かわしい徴候を数えだしたらきりのなさそうな私たちの文化の、いわば底力を感じさせる出来事だ。

①『佐藤泰志作品集』。四年前にクレインの文弘樹さんがこの七〇〇ページ近い選集を出したとき、こんなブームが訪れるとだれが予想しただろう。代表作『きみの鳥はうたえる』『黄金の服』『海炭市叙景』などの小説のほか、詩とエッセイも収めている。全集ではないからこれだけですむというわけにはいかないが、この作家が、全身全霊をこめて、書くという行為をとおして生き抜いた時間の全体を知る

ためには、この厚い本に向かわなくてはならない。

②『きみの鳥はうたえる』。ビートルズの曲から題をとった表題作は、『黄金の服』とともに佐藤泰志の青春小説の決定版だ。中上健次のような神話性とも村上春樹の洗練ともちがった、普通の地面に自分なりのセンスで立つ若者たちの、微妙な三角関係の物語。せつない。思わず、声をあげたくなる。この文庫版の井坂洋子の解説は、小説家佐藤泰志の、実は相当ふしぎな心の動きへと言葉を届かせている。

③『大きなハードルと小さなハードル』。私小説的な、作者自身を投影した「秀雄」が妻子とともに生きていく八〇年代の日本。一部はクレインの作品集でも読めるが、やはり一冊のかたちでじっくりと味わいたい。後期の作品では、『そこのみにて光輝く』と『海炭市叙景』もわるくない。でも、この連作の方がリアリティでまさる。文章がものすごくいい。明日があるのかどうかという苦境のなかでも光を感じさせる。この真剣さ。この言葉の輝き。いまの作家たちの大半にはもう望めないものではないか。

（2011年7月17日）

森村誠一・選

笹沢左保

①「**木枯し紋次郎**」**シリーズ**（上巻「木枯し紋次郎 生国は上州新田郡三日月村」、下巻「同 長脇差《ながどす》一閃《いっせん》！ 修羅の峠道」／光文社文庫、「同 中山道を往《ゆ》く」1〜3巻／中央公論新社オンデマンド版）＊1

②**招かれざる客**（光文社文庫）＊2

③**人喰い**（双葉文庫）

笹沢左保氏は私の生涯の盟友である。残念ながら私より先に鬼籍に入ってしまったが、彼の残した作品は、不朽の宝物として私の心に生きている。

余命数日と宣告された笹沢氏を病院に最後に見舞ったとき。すでに意識朦朧《もうろう》としていた笹沢氏は、私を見分けると同時に、「恥ずかしい」と言った。

笹沢氏は七十一年の生涯に、三百八十冊の作品を堆《つ》み重ねた。いまにして、四百冊達成を目前にして命が尽きることを、恥ずかしいと私に言い残したのではないかとおもえる。それが恥ずかしければ、誇るべき恥ずかしさであり、作家たるべき者、かくあるべしと、私に範を垂れたような気がする。

笹沢全作品の中で最も人口に膾炙《かいしゃ》しているのは『木枯し紋次郎』シリーズである。漂泊の渡世人・紋次郎が、行く当てもない旅の途上で出会うさまざまな事件の都度、「あっしには関わりのねえこって」と冷たく突き放しながら結局、関わってしまう。

交通事故に遭い、血浸しの雑巾のようになって病院へ担ぎ込まれた笹沢氏は、生死の境界から脱した。その後も、人妻との心中未遂や、ヤクザとの決闘や、多くの病いを人生の起伏として、常に死の影と

向かい合ってきた。笹沢作品が無常観に彩られ、虚無の陰翳《いんえい》を孕《はら》んでいるのは、そのためであろう。

『木枯し紋次郎』には、笹沢氏の人生に刻みつけられた、定住を嫌う漂泊への誘惑が最もよく表現されている。すでに名声を博しながら、移動の中に句魂を磨いた芭蕉と並んで、笹沢氏独自の美学と詩学を結晶させたのが、永遠のさすらい人、『木枯し紋次郎』である。

交通事故による瀕死《ひんし》の身体を横たえた病床で書いたといわれる『招かれざる客』は、笹沢文学の起点となった。つまり、死に神の手招きを発条《バネ》として、笹沢文学はスタートしたのである。

精緻を極めた論理構成の中に組み込んだ巧妙なトリックは難攻不落であり、犯人と探偵の息詰まる攻防は、笹沢ミステリーの精華である。特に『人喰《ひとく》い』は笹沢文学推理作品の白眉である。

笹沢作品を語るとき、この三作は省けない。そして、もし彼がまだ健在であれば、その旺盛な創作欲は、この三冊を含む三百八十冊を圧倒する作品を世に問いつづけたであろう。

（2012年2月19日）

森絵都・選

佐藤多佳子

①**サマータイム**（新潮文庫）＊1
②**一瞬の風になれ　全3巻**（講談社文庫）
③**聖夜**（文藝春秋）

佐藤多佳子の世界には独特の気配がある。以前くりかえし読んだ本を手に取って開くと、物語の筋や作中人物よりも先に、色や音や匂いのようなものが立ち上ってくる。そうした姿のないもの、活字表現の領域を超えた感覚に働きかけてくるのが佐藤作品であり、故に脳よりも早く五感が反応する。

一九九〇年に世へ出たデビュー作、『サマータイム』の衝撃は今も忘れない。そこには瑞々しく脈打つ文章のリズムがあった。文字が鳴っていた。実際、その小説にはピアノが登場し、物語の底流には常に音楽が流れているのだが、聴いたことのないその曲を諳《そら》んじられる気がするほどに、目に見えない音を言葉で奏でる力――つまり表現力がきらきらと弾けていた。もしも佐藤さんがピアニストだったら、私は鍵盤へ向かう彼女の背後へ忍び寄り、本当のところこの人は一体何本の手を持っているのだろうと凝視せずにいられないだろう。

変幻自在なその手は二作目以降も私を魅了し続けた。野球少女、絵を描く少年、落語家、スリ。そこには常に意外性があり、物事の奥へ、奥へと迫るストイックな眼差《まなざ》しがあった。そして二〇〇六年、佐藤さんは天賦の表現力を遺憾なく発揮した長編小説を送りだす。『一瞬の風になれ』。言わずと知れた青

春群像、陸上競技に打ちこむ少年たちを描いた大作だ。
思うに、スポーツを描くのは、音楽を描くのとどこか似ているのではないか。走っている当人にとって、走るという行為は足のみならず、五感総動員の運動だ。目の脇をすりぬける景色。仲間の声。風の匂い。しょっぱい汗。蹴りつける地面の感触。そのすべて――グラウンドを舞う砂埃《すなぼこり》まで感じ取れるほどに、『一瞬の風になれ』の描写はリアルな臨場感に満ちている。この小説は設定も構成も人物造形もみな出色なのだが、「走る」表現の確かさと豊かさが作品世界の足場を盤石にしている。
清々《すがすが》しいスポーツのフィールドから、その後、佐藤さんは再び音楽の場へ戻ってきた。二〇一〇年に同時刊行された『聖夜』と『第二音楽室』だ。デビュー作と同様に音楽をモチーフとしながらも、その「音」はより研ぎ澄まされ、同時に、より膨らみを増していた。確かに聴覚を刺激する音色。高い音は高く、低い音は低く、あるべきトーンで鳴り続ける。本を閉じても曇りのない余響が残る。佐藤多佳子の気配だ。

（2012年3月4日）

長部日出雄・選

寺山修司

①寺山修司全歌集（講談社学術文庫）
②誰か故郷を想はざる（角川文庫）
③戯曲　毛皮のマリー・血は立ったまま眠っている（角川文庫）

俳句と短歌においては年少の頃から天才性を鮮明に感じさせ、劇作家、演出家としては、それまでの文学性を重んじていた演劇を、言葉と肉体と仕掛けを綜合《そうごう》した見世物に転換させて、イメージのサーカスともいうべき独特の新分野を創り出し、大劇場とアングラに対する若者の価値観を逆転させた。

それを否定する人間にもありがちな権威主義的なところや、一流と三流を分ける差別意識が、寺山修司には潔いまで見事になかった。だから、正統と異端、良血と雑種、一流と三流、聖と俗を逆転させる革命的な大仕事ができた。

成し遂げた厖大《ぼうだい》な業績は巨人のものだが、並の人間の人生より何倍も何十倍も密度の濃い時間を全力で生きて、この世のゴールの向側《むこう》へ駆け抜けて行った後ろ姿が、初期の歌の少年と重なって見える。

「ころがりしカンカン帽を追うごとくふるさとの道駈《か》けて帰らん」

寺山修司は何といってもまず歌人である。

「売りにゆく柱時計がふいに鳴る横抱きにして枯野ゆくとき」

「マッチ擦るつかのま海に霧ふかし身捨つるほどの祖国はありや」

「地下水道をいま通りゆく暗き水のなかにまぎれて叫ぶ種子あり」

寺山の全世界を貫くキーワードは「虚構」だ。普通の人間にとっては厳然として動かし難い生年月日や出生地も、かれにとっては虚構の材料であった。自伝風の創作『誰か故郷を想《おも》はざる』に「青森県の北海岸の小駅で生まれた」と書いているが、私はかれが弘前の津軽病院で生まれたのを知っている。

弘前出身の私に「おれは津軽病院で生まれたんだよ」と、悪戯《いたずら》っ子の目つきで明かしたことがあったからだ。創作の場でない個人的な会話にまで虚構を交える必要はない筈《はず》だから、これは事実と見て間違いあるまい。

世間に与えていた戦闘的な印象とは反対に、寺山ほど人の悪口をいわない人間は珍しかった。誰に対しても優しく親切だった。かれの葬式ほど多くの若い女性が目を泣き腫《は》らしていた光景を見たことがない。

かれの戯曲集を読むと、その底知れぬ才能と想像力の奔放さにあらためて驚嘆する。この恐るべき反近代、反現代の劇は、時代を超えていつまでも演じられ続けるだろう。

（2013年6月23日）

島尾敏雄

梯久美子・選

①**出孤島記**（『その夏の今は・夢の中での日常』所収／講談社文芸文庫）＊1
②**死の棘**（新潮文庫）
③**日の移ろい**（中公文庫）＊1

島尾敏雄は、特攻指揮官の経歴をもつ作家である。九州帝大を繰り上げ卒業して海軍予備学生を志願、奄美群島の加計呂麻《かけろま》島に、特攻艇「震洋」の部隊を率いて赴任した。古代さながらの自然と習俗の残るこの島で、島尾は国民学校の教師をしていたミホと出会い、深夜の浜辺で逢瀬《おうせ》を重ねるようになる。

昭和20年8月13日夜、特攻戦発動。死の淵《ふち》をのぞき見ることになったこの夜の出来事を描いたのが「出孤島記《しゅっことうき》」である。出撃を知ったミホは、自決のための短剣を懐にしのばせて島尾に会いに行く。島尾は部隊を抜け出してミホの待つ浜辺に行き、「演習をしているんだよ」と嘘《うそ》をついて彼女を帰そうとした。このときのことを、戦後、島尾夫人となったミホも作品にしている。この夏、四半世紀ぶりに復刊された『海辺の生と死』（中公文庫）所収の「その夜」である。同じ出来事、それもきわめてドラマチックな場面を夫婦がそれぞれの視点から描いているわけで、こうした例はなかなかない。

島尾ミホといえば、私小説の極北と呼ばれる名作『死の棘《とげ》』のヒロインとして知られる女性である。烈《はげ》しい嫉妬によって惑乱するさまを夫の手で克明に描写され、〝狂える妻〟として文学史に残る彼女は、独自の世界を作り上げた作家でもあった。彼女は島尾のほとんどの作品を清書しており、『死の棘』も

また例外ではなかった。浮気した夫を夜通し問いつめ、相手の女に買ってやったパンティーの色を全部思い出せと迫ったりするかつての自分の姿を描いた文章を、ミホは自分の手で清書した。ときには「ここはもっとはっきり書いた方がいい」などと意見することもあったという。

琉球士族の血をひく奄美の旧家の令嬢として生まれ、南島の自然に育まれた野性味と、文学的素養を併せ持っていたミホは、島尾文学のミューズとなり、数多くの作品に登場している。

後期の代表作『日の移ろい』は昭和47年から48年にかけての日記形式の作品だが、ここでも中心となるのは妻の姿だ。旅に出た島尾が船に揺られていた夜、自分も一晩中眠らずに、自宅の廊下に座って同じように体を左右に揺すっていたと話すミホ。捕鼠《ほそ》器に入ったまま水につけられて死んだ鼠《ねずみ》の、ピンク色の鼻と足の裏の美しさを発見し「見て、見て、ほら、よく見て」とはしゃぐミホ。島尾はそんな妻に圧倒されながら、目を離すことができないのである。

（2013年8月11日）

大崎善生・選

団鬼六

①**花と蛇**（幻冬舎アウトロー文庫）
②**真剣師　小池重明**（幻冬舎アウトロー文庫）
③**不貞の季節**（文春文庫）＊1

これほど起伏に富んだ人生を歩んだ作家がどのくらいいるだろうか。昭和31年に純文学で入選しデビューした団鬼六はその後相場小説でヒットを飛ばし、その1年後には専門誌にＳＭ小説の原型となる短編を発表する。相場小説は大ヒットとなり映画化までされる。20代で大成功を収めたものの、新橋にバーを経営したことをきっかけに詐欺まがいの目に何度もあい、ついには全財産を失い借金にまみれて神奈川県三崎に夜逃げする羽目に陥る。

太平洋に臨む小さな港町で中学の英語教師の職を経た鬼六は、彼《か》の地で教鞭《きょうべん》を執りながら、ＳＭ大作『花と蛇』の執筆にとりかかる。これが大評判を呼び、自らの人生を変えていくことに。締め切りが迫った日には生徒たちに自習をさせて、教壇の机の上で『花と蛇』を書き殴ったという伝説が残っている。

ＳＭとエロ一筋で作った金で横浜に建てた鬼六御殿は5億円ともいわれた。50歳を過ぎた鬼六は月産500枚にも及ぶＳＭ小説の執筆に限界を覚え突如、断筆を宣言する。そしてかねてからの趣味としていた将棋の雑誌を買い取り自らがオーナーとなり運営に乗り出す。しかしそれがやがてとんでもない金食い虫となり、集めた刀をはじめとしてすべての財産を奪い取り、やがては鬼六御殿まで明け渡すこと

になってしまうのである。50代半ばで全財産を失った鬼六は億単位の借金を抱えて東京の借家に逃げ込むことになる。しかしちょうどその頃に書いていた、賭け将棋師との付き合い、男の友情を綴《つづ》った『真剣師　小池重明』が大ヒットとなり再び世間の注目を集める。断筆宣言を解いた鬼六を待っていたのは、それまでにまったく相手にしたこともされたこともない文芸誌であった。

　そこで鬼六は後期の代表作ともいわれる傑作短編「不貞の季節」を発表し、SM老大家が書く純文学作品という極めて稀《まれ》な分野の作品が次々とものにされていくことになる。

　私は縁あって鬼六と出会い、その魅力ある人間像に引かれてついには評伝を書くことになった。晩年の2年間は毎週のように会い、故郷の彦根や出身校や三崎を同行しながら取材するという幸運に恵まれたのである。実像の鬼六はその名に反して大らかで楽しく、誰でも受け入れる懐の深い紳士であった。「5億円稼いだら5億円使ってしまわな」。その言葉通りに生きた姿はまさに異端の文豪そのものである。

（2013年9月29日）

阿川佐和子・選

阿川弘之

①きかんしゃやえもん（岩波書店）
②軍艦長門の生涯（阿川弘之全集第7、8巻所収／新潮社）
③鮨《すし》 そのほか（新潮社）＊2

「どうせお前は読まんだろうが」と言いながら、「佐和子殿」と宛書きした新刊を父から手渡されるのが、我が家の父娘の風習となって久しい。「読みますよぉ……」と呟《つぶや》いて、しかし心の中では「読まないかも」と自ら予感する。

小説家の家に生まれたのに、子供の頃から読書が苦手だった。今でも得意とは言いがたい。だから父の著作をどれほど読んだかと聞かれたら、胸を張って答えられるのは『きかんしゃやえもん』くらいである。あれは傑作だ。最近は「阿川弘之の娘」と言ってキョトンとされることがときどきあるが、『きかんしゃやえもん』の作者が父だと言うと、たちまち目を輝かせてくださる人が多いのは娘ながら嬉《うれ》しい。『山本五十六』『米内光政』『井上成美』の海軍提督三部作の評については「力作です！」と申し上げるにとどめることとする。『軍艦長門の生涯』の連載中に私は大学生であり、父の手書きの原稿が読みにくいという理由で、編集部に届ける前に清書するアルバイトを仰せつかり、そのとき多少、内容に触れた記憶がある。印象的だったのは、海軍は陸軍よりはるかに世界の情勢に視野が広く、やむをえず戦争に突入することを決めたものの本来はフレキシビリティとウイットに富む軍隊であったということ。下

士官が口答えをしても上官は理不尽に殴ったり怒鳴ったりせず、部下の言葉に耳を傾ける度量と寛容性を持ち合わせていたと、よく父に聞かされた。が、常々、「養われているうちは子供に人権はないと思え。誰のおかげで暖かい部屋にいられると思っているんだ」と理不尽に怒鳴られてばかりいた私は、はたして父は本当に海軍にいたのかとひそかに首を傾《かし》げたものである。

まもなく九十三歳にならんとする父は、数年前にきっぱり筆を断ち、「いっさい書かない」と宣言したが、熱心な編集者氏の奨《すす》めで昨年、久しぶりに刊行を果たした。『鮨 そのほか』というユニークなタイトルのその著書は、それまで本に載りそびれていた短編小説や書評、随筆、対談などを集めて一冊にまとめたものである。本人、「これが最後の一冊」と言って引かない。身体《からだ》はともかく頭はまだしっかりしている父の、愚痴でも怒りでも嘆きでもかまわない。また書いてみたらどうかと娘は思うが、本人の前で「どう？」と冗談めかして言うと、父はいつもの不機嫌極まりない表情で、黙って首を横に振る。

（2013年11月24日）

大竹昭子・選

須賀敦子

①コルシア書店の仲間たち（文春文庫）
②トリエステの坂道（新潮文庫）
③時のかけらたち（青土社）

最初の著作が出たのが六十一歳で、六十九歳のときにはもうこの世にいなかった――。須賀敦子の仕事について考えるとき、きまってこのことが頭に浮かぶ。著作活動は十年に満たず、生前に出た本も五冊と少ないが、そこからはフランス留学、ミラノでの結婚、書店活動や夫の他界など、起伏ある人生を通じて書くことへの思いを温めてきたことが伝わってくる。

なかでも、舞台設定を書店にし、そこに出入りする人間を描いた『コルシア書店の仲間たち』は、雑誌連載されたデビュー作の『ミラノ霧の風景』に比べると、書き下ろしだったこともあり、創作の領域に大きく踏み込もうとする意志がみなぎっている。登場者たちと須賀が交わったのは三十代で、作品化に約倍の年月を要しているが、その意味は小さくないだろう。若いときに書けばただのエピソード集に終わったかもしれない。六十代半ばにさしかかろうとするこのとき、須賀は個人的な出来事からなにを抽出し、人間全体の経験として普遍化するか、という問いを自らに課してこの作品に挑んだのであり、一般的にはエッセーに区分されるが、背後にはまちがいなく「創作」の意識があった。

『トリエステの坂道』は、同じくイタリア時代の回想記だが、家族をテーマにしたものが多く、特に夫

の死後の実家の様子を綴《つづ》った「キッチンが変わった日」は、それまでの作品にはない生々しいエネルギーが感じられ、初めて読んだときは胸をつかれた。義母が大事にしていた古い家具を、義弟とその妻が次々と打ち壊していく乱暴さを、否定的ではなく、貧しさと縁の切れなかった家族に巣食った闇を乗り越えようとする力として描きだしている。須賀の作品は過去の事象を対象とし、過ぎた日々が抑制のきいた静かな筆致で書かれているが、にもかかわらず、そこに不思議な生命感が宿っていることの謎が、これを読んで解けたような気がした。

人間に強い興味を持った作家だったが、それと同等の関心を街や建物にも払っていたとわかるのは、『時のかけらたち』である。建物であっても、それを理解し洞察しようとする手つきは人間に対するものと変わりなく、滋味にあふれている。「リヴィアの夢」のなかのローマのパンテオンを「煉瓦《れんが》でつくった肉布団みたいな」と描写するシーンには何度でも笑ってしまう。建物を描いてもユーモラスで人間くさく、どこか幼児の無邪気さをも感じさせる。

（2014年11月2日）

松本清張の3冊①

大村彦次郎・選

①火の記憶（『或る「小倉日記」伝』所収／新潮文庫）
②父系の指（『或る「小倉日記」伝』所収／新潮文庫）
③正太夫の舌（『文豪』所収／文春文庫）＊1

先日、編集者の老頭児《ロートル》が集まったある席で、自分たちが現役の頃に遭遇した小説家の巨魁《きょかい》は誰か、ということが話題になり、才能、仕事量、人格、読者の人気などからして、これはもう松本清張その人を措《お》いて他にはない、というのが、みんなの意見の一致するところであった。そういえば、昔、ある雑誌で、評論家の十返肇が文壇をプロ野球のチームに見立て、ラインアップを作ったが、そこでも不動の四番バッターは清張さんだった。そんなエラい作家に対し、おこがましいが、以下は私の気まぐれ的選択である。

初期の短篇群は清張文学のエッセンスを象徴して、どれもいいし、好きなのである。清張さんは作品に自己の分身を色濃く投影したが、私小説は書かなかった。わずかにみずからの少年期と係累の周辺を描いたものに、「火の記憶」と「父系の指」がある。この二つは主人公の出自という点で共通する。そして「火の記憶」は清張ミステリーの発火点となり、「父系の指」は落魄《らくはく》した父親との絶ちきれぬ血縁のきずなを描いて、清張作品の原点というか、ここにすべてが埋蔵されている、といってよい。

清張さんの作家的関心はこの世の森羅万象にむかったが、その筆鋒はまた自分の属する日本文壇にも及んだ。作品としては明治の文豪たる逍遥、鷗外、紅葉、鏡花らを解剖台にのせ、腑分けして見せた。これら〈文壇物〉から一作を挙げれば、斎藤緑雨の境涯を辿った「正太夫の舌」がよい。緑雨は明治の半ば過ぎ、東京本所区横網の陋巷《ろうこう》に窮死した。これを書くために、作者は真夏の炎天下の昼下り、往時の古地図を片手に、緑雨の旧所在地を探して歩き回った。このとき同行した一葉研究家でもあった和田芳恵はのちに、二人とも全身汗みずくになり、衣服はぐっしょり濡れた、作者の探索能力のすさまじさに舌を巻いた、と書いている。

（2002年9月8日）

松本清張の3冊②

阿刀田高・選

①**張込み**（『張込み』所収／新潮文庫）
②**下山国鉄総裁謀殺論**（『日本の黒い霧〈上〉』所収／文春文庫）
③**松本清張事典決定版**（郷原宏著／角川学芸出版）
＊1

「この3冊」を選ぶのがむつかしい作家である。作品の数が多く、多岐にわたっている。名作と称されるものが少なくない。だが、あえて選ぶとすれば、むしろ短編。まず『張込《はりこ》み』はどうだろう。後妻に入った女のもとに昔親しかった殺人犯が訪ねて来るかも。刑事が目星をつけて張込む。目に映るのは女の退屈な日常ばかり。

——この女はなにを楽しみに生きているのか。殺人犯が最後のよりどころとして訪ねて来るような、そんな恋が本当にあったのだろうか——

しかし〝あった〟のだろう。罪を犯した男と、おそらくその事実を知らないまま昔日を懐しむひとときの逢瀬《おうせ》。山里の風景がおだやかで美しい。簡素な表現がつきづきしい。

この作家の推理小説は広く愛読され、おもしろい作品にはこと欠かないが、本来の資質は推理小説に百パーセント向いてはいなかった。それが私の考えである。

『日本の黒い霧』など社会の内幕をあばくノンフィクションのほうが向いていたのではないか。後日に現われた資料や検証により誤謬《ごびゅう》なきにしもあらず、という評価もあろうが、やっぱり『下山国鉄総裁謀殺論』は絶品だ。推理小説がまっ青になる魅力がある。

なにしろたくさん書いている人だから、ご用とお急ぎの諸賢のために『松本清張事典決定版』をお薦めしたい。全作品の梗概《こうがい》を記し、ほかに関連する人名、地名、もちろん年譜や書誌、研究文献にも筆が伸びている。

――あれどういう小説だったかなあ――

読んだけれど、忘れてしまったものを思い出すのに役立つ。莫大《ばくだい》な業績が、わずか四百ページ余りに詰まっているのは、うれしい。

（2009年11月22日）

EAT

HUNT

Ⅳ　テーマで読む

動物

小川洋子・選

①冬の犬（アリステア・マクラウド著、中野恵津子訳／新潮クレスト・ブックス）
②家守綺譚（梨木香歩著／新潮文庫）
③めす豚ものがたり（マリー・ダリュセック著、高頭麻子訳／河出書房新社）＊1

そこに動物が現れ出ると、途端に場面が深みを増してくる。言葉を喋《しゃべ》らない動物たちが物語を雄弁にする。小説を読んでいる時にも書いている時にも、しばしばそういう体験に出合う。言葉から遠く離れた場所にいる彼らの声を聞き取れたら、どんなにか素晴らしい作品を書くことができるだろう、と夢見たりする。もしかしたら人間にとって本当に必要な物語は、動物たちが隠し持っているのかもしれない。

カナダ極寒の島、ケープ・ブレトンを舞台にした『冬の犬』にはさまざまな動物たちが登場する。子供たちを教会へ運ぶ馬、シダのような精巧な耳を持つ牛の胎児、盲目のサバ、途方もない力と美を持つ犬。彼らは皆、厳しい自然に愚痴をこぼすことも、自らの運命を恨むこともなく、心静かに死を受け入れる。そんな姿を手本にするかのように、島に暮らす人々もまた、土地に染み込んだ死の記憶の中に身を委ねる。与えられた人生を黙々と生きる偉大さを描きながら、同時に雄大な時間の流れを感じさせてくれる一冊だ。

『家守綺譚《いえもりきたん》』の動物たちはもっと自由自在に振る舞う。河童《かっぱ》は井戸の詰まりを直し、カワウソは道ならぬ恋に落ち、タツノオトシゴは白木蓮《もくれん》から生まれ出る。語り手の征四郎（人間）は時に戸惑い慌てるが、

少しずつ、生きているものと生きていないもの、動物と植物と人間、今と過去、といった垣根を行き来するコツを覚えてゆく。この世界を最も正しく見ているのは犬のゴローで、彼が東奔西走し、小さな行き違いを仲裁してくれるおかげで、征四郎は心行くまで自分の精神を養うことができる。一匹の犬が、ありふれた掛け軸や、手入れの行き届かない庭の向こう側に潜んでいるらしいもう一つの世界へと、人間を導いてくれる。

　人間と動物の密着度から言えば、三冊の中では『めす豚ものがたり』が一番だろう。ある日、若い女性の体が少しずつ豚に変化しはじめる。体重が増え、肌がピカピカし、チキンは大丈夫なのにハムサンドが食べられなくなる。その変化が少しずつ誤魔化《ごまか》しきれないものになるにつれ、彼女の周囲も一緒に混乱し、歪《ゆが》み、無秩序に陥ってゆく。豚であろうと人間であろうと、彼女はただ懸命に自分の存在を保とうとしているだけなのに、彼女の外側は勝手に崩壊へと向かう。風刺、などという生易しい一言ではすまない世界の滑稽《こっけい》さがあぶり出されている。

（2012年4月1日）

椎名誠・選

漂流記

①十五少年漂流記（ジュール・ヴェルヌ著／新潮社ほか／新潮社版は椎名誠・渡辺葉訳）

②無人島に生きる十六人（須川邦彦著／新潮文庫）

③おろしや国酔夢譚（井上靖著／文春文庫）

日本人にいちばんなじみ深いのは『十五少年漂流記』だろう。ニュージーランドから十五人の少年を乗せた船がいきなり漂流してしまう。漂着した島で少年たちは座礁した船のなかから使えるものを運びだし、島の漂着物を利用して、先の読めない無人島生活を始める。いまでいうサバイバルだ。子供たちだけで工夫協力して生きていく。子供の頃に読んで夢中になった。ぼくの漂流記フリークはこの一冊が原点だ。フィクションだが、ヴェルヌのことだから詳細な地図を使って空想だけでこの物語を書いている。マゼラン海峡のハノーバー島がモデルと言われたが、生物相などからどうしても辻褄《つじつま》があわない。ぼくはマゼラン海峡にいき、そのモデルという島を実際に見てこれは違う、と確認してきた。本当のモデルの島はニュージーランドから八〇〇キロ東の孤島チャタムだった。これも現地に行って確認した。

英語のものしか翻訳されていないが今年ぼくの娘がはじめてフランス語から翻訳することになった。ぼくが意訳する。どうも原版は講談調らしい。

『無人島に生きる十六人』は、漂流記を探しているとき講談社に古いボロボロの一冊があって、それを借りて読んだら、こっちは本当の漂流記らしい。「十六おじさん漂流記」だ。正確に島の場所は明記さ

れてないのだが戦前のことなので、規制があったらしい。ヴェルヌの十五少年とまったく同じようなサバイバルが十六人の青年やおじさんらで行われる。井戸を掘ったり食料として海亀の養殖をしたり、見張り櫓《やぐら》を作ったり、苦闘の工夫の連続で、いやはや本当の漂流記も面白さではまけていない。誰も死傷者はださずに全員無事帰国している。埋もれさせておくのはもったいないので新潮社に頼んで文庫にしてもらった。

『おろしや国酔夢譚《たん》』江戸時代に伊勢の白子の船頭、大黒屋光太夫と十六人の船乗りが乗った千石船が嵐にあってアリューシャン列島のアムチトカに漂着する。漂流中に一人、その島で七人が衰弱死する。彼らは流木で小さな船をつくりカムチャツカにわたる。そこからマイナス六十度のシベリアを横断。なんと十年のさすらいの後に光太夫と船乗り二人が帰国する。ぼくはテレビのドキュメンタリの仕事でその全ルートを追ったことがあるがこれはもっとも壮絶な漂流の記録である。

（2012年4月15日）

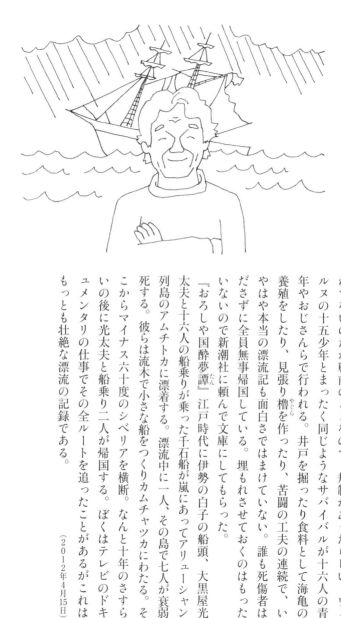

安西水丸・選

城閣

①**戦国の城――目で見る築城と戦略の全貌　上・中・下**（西ケ谷恭弘著／学研パブリッシング）＊1
②**埼玉の城址めぐり**（西野博道編著／幹書房）＊1
③**城の楽しみ方完全ガイド**（小和田哲男監修／池田書店）

建築家の子供として育ったのに、それらしい才能はまったくない。それでも建物などを見てまわるのは好きで、その一つに城跡巡りがある。旅先でガイドマップをもらい、そこに何々城などとあると居ても立ってもいられず直行する。歴史好きのルーツは、子供の頃よくあちこちの神社仏閣を連れ歩いてくれた祖母の影響が強くあるようだ。

日本の城は北から南まで巡っているが、何故か大阪城、名古屋城、姫路城といったメジャーな城にはさほど興味がない。そういった城からは情感のようなものが感じられないのだ。復元された城というのも何となく味気なくおもっている。むしろ石垣だけが残ったりしている方が風情が感じられて好きだ。『戦国の城』は、北から南まで戦国期の城の陣容をパノラマで捉え、細密なイラストレーションで表現している。嶮岨《けんそ》な山城などの図を見ていると、こんなところに何故、といった気持ちにもなる。人間の持つ恐怖心のようなものさえつたわってくる。この本は上中下とあり、ぼくは旅先にまで持っていくことがあり、大切な車中の友である。

『埼玉の城址めぐり』は、まさにぼくの城跡巡りの好みを充分に叶《かな》えてくれる一冊だ。取り挙げられた

城跡は、ほとんどが誰にも知られずひっそりと佇《たたず》んでいる。この本は埼玉県の行田市にある忍《おし》城跡を訪ねた折り町の書店で求めている。旅には、東京で手に入らない本と、土地の書店で出合う楽しみもある。

因《ちな》みに忍城はベストセラーになった『のぼうの城』（和田竜著）の舞台になった城だ。秀吉の小田原城攻めの際、この城の攻略を担当した石田三成の水攻めにも落ちなかった関東の名城と伝えられている。『のぼうの城』は映画化され、間もなく公開される。

『城の楽しみ方完全ガイド』は、城跡巡りを楽しむ入門書といっていい。オールカラーで日本の主だった城はほとんど網羅されている。それだけではなく、石垣のこと、山城、平山城、平城といった、城閣に関するさまざまな事柄がわかりやすく説明されている。本のタイトルどおり、まさに完全ガイドといっていい。

各地の城跡を旅し、そこで起こった事件、またそこで活躍した人物などについてあれこれ想《おも》いを巡らせる。そこには「兵《つわもの》どもが夢のあと」が、そこはかとなく漂っていて胸をうつ。

（2012年10月7日）

あさのあつこ・選

タイガースに捧げる

①**博士の愛した数式**（小川洋子著／新潮文庫）
②**牙　江夏豊とその時代**（後藤正治著／『後藤正治ノンフィクション集　第6巻』所収／ブレーンセンター）
③**ROOKIES　全14巻**（森田まさのり著／集英社文庫）

今年も、わたしにとっての野球シーズンは早々に終わってしまった。虚《むな》しさに耐えつつ、我が阪神タイガースに捧《ささ》げる三冊を。

『博士の愛した数式』。あまりに有名な一冊だ。おそらく古典として百年の後も読み継がれていくだろう。むろん、野球小説ではない。人間そのものの物語だ。だからこそ、百年の時を生きる。それでも、この一冊の内から阪神タイガースへの愛が溢《あふ》れ出ていることは確かだ。

江夏豊。あの偉大なエースほど縦縞《たてじま》のユニフォームが似合った選手はいない。その背中に縫いつけられた番号、「28」。完全数であるとか。わたしは算数止まりの頭しかないので、完全数という言葉さえ知らなかった。けれど、この作品を読み終わったとき、数字への畏敬《いけい》、数学への憧憬《しょうけい》に胸が苦しくなった。同時に、やはり阪神タイガースが特別な球団であること、江夏豊が唯一の投手であったことを心に刻印されたのだ。文学も数学も阪神も江夏も、美しい。

『牙　江夏豊とその時代』も、タイトルどおり江夏豊のいたあの時代の野球、あの野球の時代を描いたノンフィクションである。それにしても江夏ほど、彼の野球を知る者の記憶に食い込み、心を捉える選

手はいない。彼は、まさに野球そのもの、投手そのものだった。通算成績２０６勝１５８敗１９３セーブ。残した数字も偉大だけれど、彼はその数字一つ一つに血を通わせた最後の選手なのかもしれない。

　私事になるが、江夏が阪神に入団した年、わたしは小学生だった。そして、九年後南海ホークスへの移籍時、大学生になっていた。江夏がいた。田淵がいた。村山が、王が、長嶋がいた。ひたすら速く、ひたすら遠くへ。本物の投手と打者がぶつかり、勝負の火花を散らす。土埃《つちぼこり》、風、太陽。野球の原風景に縦縞のユニフォームは何より相応《ふさわ》しかった。この一冊のおかげで、感覚に食い込んでくるような野球を思い出すことができた。これからも、小奇麗な空間に閉じ込められない野球を見せてください。阪神タイガース。

『ＲＯＯＫＩＥＳ』は映画にもなった大ヒット漫画。甲子園を目指す落ちこぼれ野球部が舞台。と書けば、あぁよくある話と言い切られそうだがあにはからんや。実に個性的な面々が個性的な活躍をする。川藤、安仁屋、新庄、岡田、今岡……登場人物の名を口ずさむだけで楽しくなるのだ。

（２０１２年11月4日）

有栖川有栖・選

変な乗客

①**押絵と旅する男**（江戸川乱歩著／『江戸川乱歩全集第5巻　押絵と旅する男』所収／光文社文庫）

②**話上手**（サキ著、中村能三訳／『サキ短編集』所収／新潮文庫）

③**蜜柑**（芥川龍之介著／『舞踏会・蜜柑』所収／角川文庫）

鉄道で旅をするのが大好きなせいもあり、乗り合わせた列車の乗客から常ならぬ話を聞かされるとか、変な乗客を見かけるという小説が好きです。

そんな小説を三つ選んでみました。いずれも短い作品で、「この三冊」ではなく「この三編」になってしまうのですが。

まずは江戸川の名編「押絵と旅する男」です。魚津で蜃気楼《しんきろう》を見た帰りの列車で、「私」は奇妙な光景を目撃します。ある男が一枚の押絵を窓に向けているのです。そこに描かれた美しい男女に車窓風景を見せてやるかのように。男は、「私」の疑問に答えるために語りだします。信じられないほど夢幻的な、ある愛の物語を。

二つめは、その乱歩が〈奇妙な味〉と呼ぶ不思議な作風のイギリス人作家、サキの「話上手」。長旅に倦《う》んで騒ぐ子供たちを静かにさせるため、たまたま向かいの席に座った男がお話を聞かせます。この掌編を私が初めて読んだのは、高校時代の英語のリーダーの教科書だったので、extraordinary（並はずれて）という単語が強く印象に残りました。男が語ったのは、並はずれて＝バカみたいに良い子の物語だったのです。その良い子がどうなったのかは、読んでお確かめください。

変な乗客を見かける小説といえば、芥川龍之介の「蜜柑《みかん》」もそうですね。お読みになった方も多いでしょう。三等室から二等室に入ってきて、勝手に窓を開ける無作法な少女。やがて彼女は、窓から蜜柑を投げます。その目的を知った時に、不愉快に思っていた語り手は「云《い》ひやうのない疲労と倦怠《けんたい》とを、さうして又《また》不可解な、下等な、退屈な人生を僅《わずか》に忘れる事が出来た」のでした。

英文学者で鉄道史研究家の小池滋先生は、エッセイ集『「坊っちゃん」はなぜ市電の技術者になったか』で、「蜜柑」の少女の行動がいかに綿密な計画にのっとったものであるかを解説していて、彼女の利発さが理解できると、感動がより増します。皆さんも「そういえば、あれもそうだな」と戯れに記憶をまさぐってみてはどうでしょうか。

番外編として松本清張の『砂の器』を挙げておきます。警察が犯人に迫るきっかけとなった「紙吹雪の女」が、とても変です。あんなことをする奴《やつ》はいないだろう、と思いますが、一読忘れがたいシーンになっています。

（2012年12月9日）

都築響一・選

放浪

①**荒野へ**（ジョン・クラカワー著、佐宗鈴夫訳／集英社文庫）

②**田中小実昌エッセイ・コレクション2 旅**（田中小実昌著、大庭萱朗編／ちくま文庫）＊1

③**土佐源氏**（宮本常一著／『忘れられた日本人』所収／岩波文庫）

好きで出るのが旅行で、出ないとどうしようもないのが放浪だ——という勝手な定義からすれば、放浪とはつねに負け戦であり、負けるとわかっていながら出ていってしまうのが放浪者だ。だから放浪の座右銘、というか墓碑銘として「旅に病んで夢は枯れ野を……」ほど、ふさわしいものはないと思う。

映画でも知られる『荒野へ』は悲しいほどにナイーブな若者が、スキルもないのにアメリカの辺境をさまよったあげくアラスカの奥地に入り込み、当然の帰結として死んでしまう実話。

数年前アラスカに行ったとき、主人公が姿を消した場所が見たくて、近くの町まで行ったのだが、アウトドアのプロたちはみんな彼のことをバカにしきっていた。そういうプロたちは生きのびるのに大切なスキルをたっぷり持っているけれど、生きのびることよりもっと大切ななにかは、なにも持っていない。しぶとく生きのびる洞窟老人よりも、なにも知らないまま悲劇的な結末に突っ込んでいくバカモノと、僕はいっしょにいたい。

小沢昭一さんと並んで、どうでもいい町をどうでもよく歩き回る楽しさを教えてくれたのが田中小実昌さん。小沢さんはたぐいまれなる探求精神のカタマリだったが、「どうでもよさ」においては田中さ

んのほうが上を行っている気がする。知らない町の飲み屋街をうろうろして、よさげな店を選んだらそこでちょっと飲んで、カバンを預かってもらって銭湯に行って、また戻ってきてハシゴ酒、そして明日も同じこと……というような最上級の酒仙老人に、僕もいつかなれるだろうか。

でも、世の中でいちばん憧れる放浪者は土佐源氏の、どうしようもない盲目の馬喰《ばくろう》だ。こんなふうにだらしなく、こんなふうに優しく流れるままに生きて、最後にはどこかの橋の下でボロボロになって死ねたら、どんなにすてきだろう。みんなにくのぼーと呼ばれ、褒められもせず、苦にもされずに。

そんなふうに生きられないなら、せめてこんなに美しい物語を、死ぬまでにひとつでいいから書いてみたいというのが、いままで話したことはないけれど、僕のいちばんの願いなのだ。

放浪はできなくても、放浪を夢見ることはできる。そしてすべての偉大な放浪者や放浪文学は、ひとときこころの内側をひっかき、植えつけてくれる――まだ見ぬ土地への郷愁を。

（2013年1月27日）

松岡正剛・選

3・11

①**ツナミの小形而上学**（ジャン＝ピエール・デュピュイ著、嶋崎正樹訳／岩波書店）

②**鯨と原子炉**（ラングドン・ウィナー著、吉岡斉、若松征男訳／紀伊國屋書店）＊2

③**アクシデント**（ポール・ヴィリリオ著、小林正巳訳／青土社）＊1

あえて海外の三人の目を通した3・11を選んでみた。

まず、スマトラ沖地震津波のあとに書かれたデュピュイの『ツナミの小形而上《けいじじょう》学』だが、この本はこれからの世界の災害はすべからく「ツナミ的なるもの」との遭遇によって語られるべきだとして、二十一世紀の哲学もそうした災害観察とその渦中での思索から生まれるべきだと提案する。その通りだ。

この提案は、一七五五年のリスボン地震によって、ヨーロッパ思想がそれ以前の予定調和観からルソーやヴォルテールの啓蒙《けいもう》力に大転位したことを思い起こさせる。日本はそのような取り組みに向えていない。

ウィナーの『鯨と原子炉』は、鯨のような生きものの多様性を忘れると、原子炉の限界を認識することを忘れてしまう危険を指摘して、これからのわれわれが人を含めた環境生物と原子炉を含めた技術環境の両方の「システム」を同時に相手にして生きていかなければならない、それにはときに原子炉を鯨とみなせる技術知性が必要だと訴えた。これもその通りだ。

ヴィリリオの『アクシデント』は「事故と文明」という副題をもった名著。現在の文明は圧倒的な速

さと事故の大きさとによって過去の文明とまったく異なっているものになってしまったのだから、われわれは自分たちの意識や知性も速度と事故によって変形を受けていると見たほうがいい。

それなのにそのことをあまりに看過してきたため、いまや文明的な知性はかなりの危機に瀕《ひん》してしまった。これではまずい。ここはいよいよ、事故のたびに技術文明が隠してきたことたちを、かつて神話が隠してきたことを全知性が解明したように、いよいよ白日のもとに晒《さら》すべきだ。そのためには事故から目を背けず、すべての事故の残骸を残しておくべきである。そういう主張である。

被災者が見たくない事故の痕跡からしか新たな文明観は生まれないというのだから、これはそうとうラディカルな主張だ。しかしこの見方が、かつてヴァレリーが「道具は便利になると意識から消えていくが、新たな意識は事故によってしかめざめない」といった意味であるとするなら、その通りなのだ。

以上、三つのヒントがぼくの3・11の読み方を変えたのだった。

（2013年3月10日）

松家仁之《まさし》・選

新緑の軽井沢で読む

①ふたりの山小屋だより（岸田衿子、岸田今日子著／文春文庫）＊1

②神も仏もありませぬ（佐野洋子著／ちくま文庫）

③軽井沢うまいもの暮らし（玉村豊男著／中公文庫）

＊1

ひとには父親を選びなおす自由がある――と鶴見俊輔が言っていた気がするが、ひとには故郷を選びなおす自由もあるのではないか。

昭和二年、浅間山のふもとに、学者や文化人のための別荘地がひらかれた。当時としては破格の安さ、坪一円で一区画五百坪が分譲されたというこの「大学村」の草創期には、野上弥生子、谷川徹三、安倍能成《よししげ》、田辺元《はじめ》、三木清、津田左右吉、小泉信三、岸田國士《くにお》といった顔ぶれが集まった。避暑とはいえ研究や翻訳、執筆に集中するひとが多く、午前中はおたがいに訪問しない不文律があったらしい。

田園生活を究めようとした岸田國士は、渓流釣りをし、桃の木を植え、池をつくってアヒルを飼い、山羊《やぎ》や綿羊まで飼った。娘の衿子《えりこ》・今日子は、ものごころつく前から、軽井沢駅で草軽軽便鉄道に乗りかえ、二時間近く揺られて大学村に通った。谷川徹三の息子、俊太郎とも遊び仲間になった（巻末の座談会にも登場）。高校時代の日記やスナップ写真も収録された『ふたりの山小屋だより』を読めば、ひらかれたばかりの初々しい山小屋生活が目に浮かんでくる。

開村から七十年後、還暦を迎えた佐野洋子が大学村に移住した。地元の人びととのつきあい、手さぐ

りの田舎暮らしが描かれる『神も仏もありませぬ』は、日々遭遇する出来事の不可思議さがユーモラスな諦念と背中あわせになって、唖然《あぜん》とするほどおもしろい。スズメバチに刺され一刻を争うはずの状況で、定住者の大先輩、岸田衿子と電話でのんびりしたやりとりをする場面はほとんど不条理劇だ。

『軽井沢うまいもの暮らし』は長野県東御《とうみ》市にワイナリーをかまえ、いまや「千曲川ワインバレー」構想の中心人物となった玉村豊男の、軽井沢での最初の一年を記録したもの。地元の八百屋でフサスグリを見つけるや焚《た》き火で焼いたローストビーフのソースにし、酪農家からミルクを分けてもらえばカテッジ・チーズをつくり、晩秋にはキノコや山栗《やまぐり》、アケビを採って味わい、初雪が降れば野沢菜を漬け、厳冬期にはヨーロッパの農民にならって豚肉を食べる――身近な食材で料理をつくり、収穫物を仲間と交換し、料理を分けあう共同体的な暮らしを発見する。岸田國士が大学村のなかに求めたものは、このような暮らしだったにちがいない。

あらたな故郷を選んだひとは、そこであたらしい仲間にも、出会うことになるのだ。

（2013年5月12日）

和合亮一・選

若い人へ贈る

①武士道シックスティーン（誉田《ほんだ》哲也著／文春文庫）
②おれのおばさん（佐川光晴著／集英社文庫）
③阿Q正伝・藤野先生（魯迅著、駒田信二訳／講談社文芸文庫ほか）

詩は青春の文学であると言われてきた。

福島で高校教師を続けてきて、彼らの心のみずみずしさを好ましく、うらやましく思ってきた。言わば生徒たちに新鮮なまなざしを教わりながら、いつも詩を書いてきたのかもしれない。

何度か勧めたことのある青春小説を紹介したい。まず『武士道シックスティーン』。剣道にのめりこむ二人の女子の姿が描かれている。宮本武蔵を尊敬してあくまでも勝負にこだわる香織と、第一に剣道を楽しみたい「お気楽不動心」の早苗。正反対の二人は、ぶつかり合いながらも互いを支えていく。やがて人と交わることを避けていた香織は頑《かたく》なな心を開き、自分なりの新しい「武士道」を探し始める。こんなふうに仲間と肩を抱き合ったり、ライバルと対決したりしながら〈道〉を見つけてほしい。うむ、〈青春〉とは、正につばぜり合いである。

『おれのおばさん』。突然に父が逮捕されてしまい、ばらばらになるしかなくなってしまった家族。逆境の中で成長していく一人息子の陽介の姿に惹《ひ》かれる。他に身を寄せるところがなく、おばさんがきりもりする北海道の児童養護施設に居候する彼。おばのユニークでパワフルな姿や、そこに集まる個性的な人々

の生き方に交わりながら、しだいにたくましい少年へと成長する。初めは「ぼく」と自分を呼んでいた優等生が、物語の中で「おれ」へと変わる。〈青春〉とは新しい呼び名と出合っていくことなのかもしれない。辛《つら》い状況に立たされても、いつかは自分を追い抜いていく力こそが若さだ。

『阿Q正伝・藤野先生』の中の「藤野先生」という短編。医学を志して仙台に留学していた魯迅《ろじん》を、叱咤《しった》激励してくれた藤野先生への想《おも》い。嫌なことが続き、勉強を半ばにして帰国する彼に、藤野先生は一枚の自分の顔写真を渡す。魯迅はその後は作家への道を歩むのだが、その肖像をいつも壁に貼り、辛いときにその顔を眺めて、ハッと良心を取り戻しては机へと向かう。この場面がとても好きだ。〈青春〉とは恩師との日々である。

震災後の日々は、暗いニュースが相次ぐ。これからの福島を、日本を造るのはみなさんです……、と授業で語る機会が多くなった。原発事故からの出口は全く見えない。長い時間がかかるだろう。故郷を託したいと本心から思う。

新しいつぼみを揺らしている人々。花を開こうとする輝きに私は涙ぐましくなる。願う。

（2013年6月2日）

齋藤孝・選

声に出して読みたい

①**坊っちゃん**（夏目漱石著／小学館文庫ほか）
②**五重塔**（幸田露伴著／岩波文庫）
③**マクベス**（シェイクスピア著、福田恆存訳／新潮文庫ほか）

文章は声に出してこそ真価がわかる。こう考えて『声に出して読みたい日本語』を出したのが二〇〇一年。この本がきっかけで始まったNHK・Eテレの「にほんごであそぼ」も十周年を迎えた。音読の輪を拡《ひろ》げたい。

まずは、漱石『坊っちゃん』。この名作は音読してこそ良さが体感できる。小学生たちと全文音読で読破したことが何回かある。六時間ほどかかったが、やり遂げた時は大歓声。祝祭となった。江戸っ子のチャキチャキ感と松山の「ぞなもし」ののんびり感の対比も面白く、子どもたちは音読している間に、日本語がどんどんうまくなっていった。遠足でいえば、黙読はバス移動、音読は徒歩のようなもの、徒歩でこそ細部が記憶に残る。音読で読破することを「音読破」と名付けて、全文振りかな付きの音読破シリーズを出版した（『坊っちゃん』は一巻目）。音読破によって読書は体験となる。音読破し終った時の子どもたちの笑顔と、「甚《はなは》だ面白かった」「頗《すこぶ》るよかった」という漱石流感想が忘れられない。

二冊目は幸田露伴『五重塔』。漢籍の素読で鍛えられ、江戸言葉も知り尽《つ》くした、日本語の達人露伴の文は、音読するほどに「これは奇跡の日本語力！」と感嘆する。「精神の形」がくっきりと浮び上がる

名文だ。親方源太はこう描かれる。「腹に十分《じゅうぶ》の強みを抱《いだ》きて、背をも屈《ま》げねば肩をも歪めず、すつきり端然《しゃん》と構へたる風姿《ようだい》と云《い》ひ面貌《きりょう》といひ水際立つたる男振り」。漢語と大和言葉の二重奏がテンポを良くする。卑劣《けち》、経験《おぼえ》、煩悶《もしゃくしゃ》、天運《まわりあわせ》、泰然《おちつき》たる、等々。音読すれば「日本語とはかくも自在で深みのあるものだったか」と胸を打たれ、日本語を母語とする誇りを味わえる。文は精神なり。音読破で、露伴の精神、職人気質《かたぎ》を身に刻みこんでみてほしい。

三冊目は、シェイクスピア、福田恆存《つねあり》訳『マクベス』。戯曲こそ声に出して読みたい。世界的傑作を格調高い福田訳で音読していると、高揚感に包まれる。大学生と音読破してみたが、大絶賛であった。とりわけマクベス夫人は大人気。「やりそこなう？勇気をしぼりだすのです、やりそこなうものですか」とけしかける。王を暗殺したマクベスは「ああ、おれの心のなかを、さそりが一杯はいずりまわる！」とおびえ、「人の生涯は動きまわる影にすぎぬ」とつぶやく。役者気分で音読するのがいい。

この他、一葉、中島敦、谷崎、太宰、川端など日本文学は声に出したい名作ぞろいだ。

（2013年8月4日）

中島岳志・選

三島事件

①**三島由紀夫と楯の会事件**（保阪正康著／角川文庫）

②**証言　三島由紀夫・福田恆存　たった一度の対決**（持丸博、佐藤松男著／文藝春秋）＊1

③**火群《ほむら》のゆくへ　元楯の会会員たちの心の軌跡**（鈴木亜繪美著、田村司監修／柏艪舎）＊1

1970年11月25日、三島由紀夫と楯の会メンバーが自衛隊市ケ谷駐屯地で東部方面総監を監禁し、割腹自殺を図った。あれから43年。三島が訴えた憲法改正が具体的な政治イシューとして取り上げられている。三島は何故《なぜ》に自衛隊に決起を促し、憲法改正を主張して自決したのか。三島事件の概要を知るためには①が適している。楯の会が結成される過程で重要な役割を果たしたのは、民族派雑誌『論争ジャーナル』メンバーと日本学生同盟（日学同）である。全共闘運動の全盛期に左翼勢力に対抗する若者グループとして結成された両者は、楯の会メンバーの人材供給源となった。保阪は、事件を三島の文学性や思想に還元せず、楯の会メンバーとの相互関係に注目しながら、事実を丁寧に追う。

②の著者の一人である持丸は、日学同を組織し、『論争ジャーナル』副編集長を務めたキーマンで、楯の会結成時には初代学生長に就任した。三島事件を考察する際の最重要人物の一人だが、今年9月に鬼籍に入った。②は持丸が残した貴重な証言録となっている。持丸は楯の会の中核メンバーとして三島に信頼されたが、事件の約1年前に脱会した。三島の構想は、学生運動の騒乱の中で自衛隊が治安出動し、楯の会が先導する形でクーデターに持ち込むというものだった。自衛隊が国軍としての地位を獲得

すると、隊員は軍人としての使命に目覚め、日本精神が復興する。それが三島の描いたシナリオだった。

しかし、自衛隊の治安出動は実現しなかった。69年10月21日の左翼による国際反戦デー闘争は、警察の圧倒的優勢の中で鎮圧され、クーデター構想は幻と化した。持丸は、この時点で「楯の会は本来の意味でその役割を終えた」と主張する。そして、この日以降、三島は先鋭化し、「状況対応型から、自らが状況を作り出す戦略に傾斜して」いったという。持丸が楯の会を脱会した理由として、国体観の違いを挙げている点も興味深い。三島は2・26事件を高く評価し、昭和天皇による鎮圧命令を批判した。しかし、持丸は、「承詔必謹」（天皇の大御心《おおみこころ》を謹んで承ること）の立場から、三島の議論を退けた。楯の会を三島に還元せず、その多様な主体を分析しなければ、事件の真相には迫れないだろう。

③は楯の会メンバーへのインタビューを重ね、事件を多角的・立体的に捉えなおそうとする。関係者の高齢化が進む中、オーラルヒストリーの重要性に改めて気づかされる。

（2013年11月10日）

西村賢太・選

無頼派

①**哀しき父　椎の若葉**（葛西善蔵著／講談社文芸文庫）
＊2
②**藤澤清造短篇集　一夜／刈入れ時／母を殺す　他**（藤澤清造著、西村賢太編／角川文庫）
③**田中英光傑作選　オリンポスの果実／さようなら　他**（田中英光著、西村賢太編／角川文庫）

近代文学における〝無頼派〟の定義は、甚だ曖昧である。そのような文学的主張のもとに作家が集まった史実もない。主として終戦直後に〝新戯作《げさく》派〟と呼ばれた坂口安吾、太宰治、織田作之助らの作風を、後年に総称するにあたって付された語であるのは周知の通りだが、彼らと同時代の青山光二によると、それらの書き手は反逆精神、自己批判、含羞、技巧、逆説性と云《い》った共通点を有しているとのこと。つまりその呼称の対象は既存の権威や価値観に小説上にて挑戦を試み、一見徒花《あだばな》とも負け犬とも映る格好で散った、或《あ》る時期のひと握りの代表的な書き手のみを指すものだった。

しかしその後も小説界に〝無頼派〟のレッテルは、随分と安易に乱発されてきた。単にギャンブル好きだとか借金まみれだとか、或いは女たらしだとか喧嘩《けんか》っ早いだとかの表層的な性格面を捉まえ、これを〝無頼派〟なぞと、どこか褒め言葉みたいにして冠す。言われた方も〝チョイ悪〟気取りでもあるのか、満更《まんざら》でもない風情でそれを甘受する。

まことに、安っぽい話である。かく云う私も、なぜかこのレッテルを貼られることが、たまさかにある。自分で称したことは一度もない。これも生き恥の内として平生は気にせぬようにしているが、深く

考えると些《いささ》か情けなくもなってくる。
が、かような生活無頼も徹底し、全うすれば小説書きとしては光り輝くこともある。その輝きに冷笑を放つ者は、おそらくは〝無頼派〟を十把一絡《から》げに片付ける先の手合と同種の、真の文芸とは縁なき衆生なのであろう。挙げる三冊は、いずれも破滅型私小説と呼ばれる作である。雑駁《ざっぱく》に調和型と二分されるこの名称については、そのままで至極マトを射ており、自己崩壊に陥るのもよしとして自滅に徹し、自滅を貫いたその作家性は、真の〝無頼派〟に共通する要素も多く含んでいる。
葛西善蔵は凶暴性を孕《はら》んだ自虐のユーモアを描かせて、この私小説家の右に出る者は未来永劫《えいごう》、絶対に現われまい。藤澤清造は貧窮の果てに狂凍死したが、かの殉情の私小説家の存在があったからこそ、私は今、意地ずくでヘタな私小説を書いている。また田中英光は先の〝新戯作派〟の一人にも数えられるが、その文章は良くも悪くも箆棒《べらぼう》である。この人の私小説世界を知らなければ、私は純文学と云うものを窮屈にとらえて敬遠し、自分で書こうと云う気は到底起こさなかったに違いない。

（2013年12月22日）

山田太一・選

人生

①オリーヴ・キタリッジの生活（エリザベス・ストラウト著、小川高義訳／ハヤカワepi文庫）

②老残／死に近く　川崎長太郎老境小説集（川崎長太郎著／講談社文芸文庫）

③生きる。死ぬ。（玄侑宗久、土橋重隆著／ディスカヴァー・トゥエンティワン）

①アメリカ東部の小さな町の物語。13の短篇。しかし表題のオリーヴがいつも作品の中心にいるわけではない。出て来ない短篇もある。同じころ同じ町にオリーヴも生きていたということがばらばらな話をつなぎとめている。オリーヴはやがて老いてくるが、はじめは中年女で「骨太な大柄で頭一つ抜け出して背が高く」夫によれば「ひとに謝ったことがないやつ」である。無論夫にもだ。その夫ヘンリーは「ほどほどに暮す者が強いのだ」という穏やかな男で、よくまあそんな二人が別れずに生きているなあと思うほどだが続いている。ヘンリーがいつになく燃えて終って離れるや「ふーう」とオリーヴは溜息《ためいき》をつく。そんな細かな食い違いを作者は説明ぬきで書く。それが町の人たちのさまざまな物語にも及ぶので、全部を読み終えると実に多くの人生の細かな現実に接したような感慨がある。とりわけ「薬局」という作品がすばらしい。

②これは二人だけの物語である。私小説である。六十一歳の小説家が三十一歳の女性と結婚をする経緯をたぶん事実に近く描いている。老人ももっと頑張って可能性を、というような話ではない。孤独な二人がそれぞれの切実さで身を寄せ合ってしまったのである。その人生をこう読めというような名付け

を潔癖に排して語っているので、私も余計なおしゃべりはひかえたい。登場人物は二人だけだけれど、読みようによっては広くも深くも人生を語っていると思う。夫人は作家の八十三の死までを見送った。

③対談である。他でも近いことは耳にしていたが、ガンはその人の性格や歴史や生き方に対応して肺に来たり胃に来たり大腸に来たりするというのである。肉体の敵だから心は関係がない、やっつければいいのだというものではない、ガンも身の内の変化だからそこにはきっと増殖してしまった根拠があるはずだ、必要な変化かもしれない、治そうとしない人が良くなってしまうこともある、治らないまでも、その人の生きる姿勢を根本から変える力があるかもしれないと土橋さんがきり出し、玄侑さんが待ってましたというように受けて「心がつくるガンは心で治せる」とガンがいかに概念にとり囲まれて、その具体性に向き合えていないかを説いて行く。それが宗教についての楽しい蘊蓄《うんちく》にひろがり、日本文化の二重性「不二」の思想に通じて行く、といってもなんのことか分からないでしょうが、とても面白い本でした。

（2014年1月26日）

東浩紀・選

復興とSF

①**大震災'95**（小松左京著／河出文庫）
②**新生**（瀬名秀明著／河出書房新社）
③**復興文化論——日本的創造の系譜**（福嶋亮大著／青土社）

日本を代表するSF作家、小松左京は、戦後の焼跡から出発し、高度経済成長期の未来への希望を体現した小説家である。彼は原子力情報誌の記者からキャリアを始め、多くの未来社会を描き、1970年の大阪万博にも関わった。そんな彼は95年から翌96年にかけて、阪神淡路大震災を扱ったノンフィクション、『大震災'95』を記している。膨大な資料を集め、関係者への聞き取りをもとに震災の「総合的な記録」を目指したその試みは、いま再読すると多くの発見に満ちている。しかし、厳しい現実との直面はまた著者自身の健康を蝕《むしば》み、小松は本書以降ほとんど小説を書かなくなった。戦後長いあいだ未来を描き続けてきたSF界の巨匠が新作を書けなくなる、この事実こそが当時の危機の本質を証言している。95年に日本は未来を失った。そしてその喪失からいまだに回復していない。小松は奇《く》しくも2011年夏に亡くなっているが、その喪失を徹底させたのが、同年春の東日本大震災と原発事故だった。

とはいえ、人間は未来への希望なしには生きることができない。小松からほぼ40歳下のSF作家、瀬名秀明は、仙台在住で東日本大震災を経験している。『新生』は、そんな彼が復興の問題に正面から取り組んだ傑作短編集。とはいえ、本作は必ずしも被災地の現状を描写した小説というわけではない。物

語だけみれば正統派のＳＦだが、むしろそこにこそ作家の企《たくら》みが潜んでいる。震災後ＳＦは可能か、それはつまりは、現代日本で未来を想像することはいかにして可能かという問いだと瀬名は考える。その問いに答えるため、作家は本作であえて小松の『虚無回廊』と同じ舞台を使い、高度な「二次創作」を展開することで、小松的未来観を震災後にふさわしいものにアップデートしようと試みている。いま日本に必要なのは、なによりもＳＦの復興であり、未来の復興である——それこそが『新生』のメッセージだ。

　最後に評論から一冊。32歳の秀英、福嶋亮大の『復興文化論』は、柿本人麻呂からクールジャパンまで、日本文化の長い系譜を、さまざまな災厄からの回復の連鎖として捉える意欲的な試み。福嶋はほとんど触れていないが、戦後日本のＳＦの歩みもまた、敗戦の傷を治癒させるための「復興文化」だったと言える。復興とは未来への希望を回復する営みである。新たな復興のための、新たなＳＦが求められるのだ。（２０１４年３月９日）

中沢けい・選

アジア文学

①赤い高粱（莫言著、井口晃訳／岩波現代文庫）
②台湾海峡一九四九（龍應台著、天野健太郎訳／白水社）
③世界の果て、彼女（キム・ヨンス著、呉永雅訳／クオン）

現代中国文学でもっとも有名な作家と言えば、ノーベル文学賞を受賞した莫言《ばくげん》がその筆頭だろう。莫言は器用な人で、右手と左手で同時に毛筆の文字を書くところを見て、これはたいしたものだと感嘆したことがある。作家や詩人に揮毫《きごう》を求める習慣が、中国、韓国、台湾にはまだ残っている。

莫言はマジックリアリズムの作家と紹介されることが多い。リアリスティックな語り口でいつの間にか幻想の世界に導かれる。1冊選ぶとすれば、映画にもなっている『赤い高粱《コーリャン》』だろう。ラバ1頭と引き換えに、業病《ごうびょう》のため嫁の来てがなかった造り酒屋の息子に輿入《こしい》れした女の物語。映画はチャン・イーモウの初監督作品だ。主演のコン・リーが美しかった。

蔣介石が南京から台湾へ去ったのは1949年。朝鮮戦争勃発の前年である。龍應台『台湾海峡一九四九』は蔣介石が台北を中華民国の臨時首都と定めた49年を中心として、日本人、中国人、台湾人、英国人、ロシア人、オーストリア人、米国人、とそれぞれの国籍を持つ人々が歴史の渦に巻き込まれる様子を描く。著者は「本書は文学であって、歴史書ではない」と言う。抑制された文章から亜熱帯の花の匂いや線香の香りが立つ向こう側に国際政治の複雑さが浮かび上がってくる。台湾も米軍によって空襲

されたことを、この作品で知った。
朝鮮戦争は今も「休戦」のまま、その決着を見てはいないが、韓国は台湾とともにアジアの中で著しい経済成長をとげた。が、近年、60歳以上の男性の自殺率は急速に高まっている。経済成長の陰で、伝統的な価値観が崩壊する社会があり人々は孤独を抱え込む。キム・ヨンス『世界の果て、彼女』は他者に出会い、自分を発見する機会を描く短編集。家族や仕事からの逃避。失踪した父親を思う気持ち、失恋、ままならない夫婦関係など、現代のソウルでは、いや、東京でも、誰しもが抱え込んでいる孤独が描かれる。単に孤独を描くのではなく、そこに他者を発見するという奇跡をキム・ヨンスは忍ばせる。
2月にソウルの江南を歩いた。ベンツ、フォルクスワーゲンなどドイツ車が人気を集め、あちこちにイタリヤ料理店が店を開き、高級ブティックが立ち並び仕立ての良い背広を着たビジネスマンが闊歩《かっぽ》するのが江南の街だ。東京の中国人留学生が「莫言よりも村上春樹を読んでいる人が多い」と教えてくれたのを思い出した。

（2014年4月13日）

樋口毅宏・選

タモリ

①天才バカボン　全21巻（赤塚不二夫著／竹書房文庫）
②エロチック街道（筒井康隆著／新潮文庫）
③エロ事師たち（野坂昭如著／新潮文庫）

こんにちは、本人に一度も会わずに、『タモリ論』などという大仰なタイトルの新書を上梓《じょうし》した自称文豪です。毎日新聞から「タモリをテーマに3冊選べ」という無茶すぎる指令が下り、一度はお断りしようとしましたが、憧れの和田誠さんに自分の顔を描いてもらえると知り、人生最大のチャンスとばかり引き受けました。

私は拙著でタモリを「絶望大王」と定義づけました。そうでなければお昼の生放送の番組を32年間も続けて気が狂わないはずがありません。そんな底なし沼のような深い闇を持った男をテーマに書くなんて土台無理な話なのですが、「タモリを作った3冊」ということで、すべて私の推測で書き散らすことをお許し下さい。

まずはタモリを世に送り出した大恩人・赤塚不二夫の作品は欠かせないでしょう。私は赤塚先生のことを「あらゆる意味からの解放を目指した革命家」だと思っていますが、自らを「作品の一部」と呼んでいたタモリも同意してくれるでしょうか。『おそ松くん』『もーれつア太郎』『ギャグゲリラ』など、古典とも言えるヒット作は多数ですが、ここはベタに『天才バカボン』でいかがでしょう。竹書房文庫

の第1巻だと、タモリが「赤塚不二夫はバカの天才だ」と書いた解説が載っています。
　次はタモリがデビュー前に密室芸を披露していたバー「ジャックの豆の木」の常連客の一人だった筒井康隆から。日本SF界の「虚人」の半世紀に及ぶ作品の中から一作を選ぶことなど、いまだ果ての見つからない宇宙から惑星を選ぶことに等しいですが思い切ってハイこれ！　短編集『エロチック街道』。その中の一編「ジャズ大名」は、奴隷黒人が江戸時代の日本に来てジャズを広めるという奇想天外な佳作。岡本喜八監督で映画化されてタモリもワンシーンに出てきますし。
　最後は、タモリが思想模写の対象にしていた人たちも、影響下にあったと思うので、寺山修司か和田誠かと考えましたが、野坂昭如から代表作の『エロ事師たち』にしました。出版当時タモリは早稲田の学生でしたし、その時代の若者の素養(死語ですね)として読書家のタモリが読んでいないわけがなく、何より人間のおかしみと悲しみとエロスを同時に描いたその内容は、人間森田一義が芸人タモリに託したものだと思います。そうなんです、絶望大王のタモさんも、みーんな悩んで大きくなった！（2014年5月4日）

菊地成孔《なるよし》・選

ジャズ

①だけど、誰がディジーのトランペットをひん曲げたんだ？（ブリュノ・コストゥマル著／うから）

②終わりなき闇（ジェイムズ・ギャビン著／河出書房新社）＊1

③ジャズ・ミュージシャン3つの願い（パノニカ・ドゥ・コーニグズウォーター著／スペースシャワーネットワーク）＊1

「ジャズに関する本を」という事でしたので、ジャズなんか1曲も聴いた事が無い、という完全ビギナーの方にも、うるさ型ジャズマニア諸氏にも、どちらにも等しく楽しめる。という基準で選んでみました。

『だけど、誰がディジーのトランペットをひん曲げたんだ？——ジャズ・エピソード傑作選』ですが、この書名こそが、「アマチュアにもビギナーにも」をそのまま体現していると言えるでしょう。著者のブリュノ・コストゥマルはフランスの音楽雑誌のチーフ・エディターだった人ですが、日本でのジャズ乃至《ないし》ジャズ本のパブリックイメージである、小難しく、或《ある》いは過度にセンチメンタルだったり、嫌みったらしいまでのスノビズム、といった感じは一切ありません。これぞ現代フランスのエッセイといった感じで、とても面白く、洒落《しゃれ》ていて、非常に高い教養と資料性に富んでいながらにして軽く可愛い、という素晴らしい一冊です。

ジャズミュージシャンの伝記、というのは掃いて捨てるほどあり、そのほとんどが〈悲惨な人生と、その音楽的な素晴らしさ〉を因果関係のように対比させますが、ユニセクシュアルな歌声と「ジャズ界

のジェームス・ディーン」と呼ばれた美貌で、ジャズファン以外にも多くの愛好家を持つチェット・ベイカーの評伝『終わりなき闇』の書名は、一見安易ですが、読み始めてすぐに、これ以外には考えられない最適な物である事が解《わか》ります。「美しいルックスと才能を持つ者が破滅的なろくでなしで、関わった者は全員、激しい愛憎しか選択肢が無かった」という現象は、ロックやクラシック等の他ジャンルを含んでもチェット・ベイカーがそのチャンピオンだという事が、とてつもなく重い読後感とともにのしかかってきます。

『ジャズ・ミュージシャン3つの願い』は、モダンジャズ黎明《れいめい》期にパトロネージとして有名だった、ロスチャイルド家の血を引く元・男爵夫人が、自宅に招いた300人以上のジャズミュージシャンに対して、戯れのように行ったシンプルなアンケート（特別な願い事を3つ言って）結果と、彼女でないと撮影不可能であっただろう、非常に親密でリラックスしたプライヴェート・フォトで構成されている本で、驚くべき叙情性と資料性（どんな私服を着ていたか、どこのメーカーの楽器を使っていたか、等々）を両立している良書です。

（2014年6月8日）

青柳いづみこ・選

ピアニスト

①**フランツ・リストはなぜ女たちを失神させたのか**（浦久俊彦著／新潮新書）

②**アルフレッド・コルトー**（ベルナール・ガヴォティ著、遠山一行、徳田陽彦訳／白水社）＊1

③**ピアニストが語る！**（チャオ・ユアンプー著、森岡葉訳／アルファベータ）

ピアニスト……十本の指を駆使して目にもとまらぬ早業で鍵盤上をかけめぐるかと思えば、甘美な旋律で聴き手を別世界に誘う。ステージ上では神のごとく輝いている彼ら、彼女らの生態を明かす本たちを紹介しよう。

一冊目はフランツ・リスト。楽譜なしで演奏するスタイルも、一人で一晩をもつ「リサイタル」を始めたのも、ロマン派のピアノの申し子リストだった。彼が上流階級のサロンで演奏すると、興奮した貴婦人たちは失神したというから、スーパースター並み。リストが三六歳で引退したのも、音楽産業に利用されるのに飽き飽きしたかららしい。ワイマール宮廷楽長としてワーグナーの紹介・演奏に力を注ぎ、晩年は各地でマスタークラスを開き、一大流派を築いたが、レッスン代は一切とらなかったという。

二冊目は、フランスの大ピアニスト、アルフレッド・コルトーの評伝。ショパンやドビュッシーの名演で知られたが、その彼が若いころはワーグナーにはまり、バイロイトで舞台助手をつとめたり、自分で楽劇のパリ上演を実現させたというエピソードも紹介される。コルトーがピアニストになったのは、このときの借金を返すためだったというから驚かされる。

コルトーのドイツ好きは、第二次世界大戦中「対独協力」の疑いをかけられる遠因ともなった。著者は透徹した視線でこの問題に切り込み、政治に利用されやすい音楽家の姿を描きだす。音楽家と政治といえば、全体主義教育で多くの逸材を生み出した旧ソ連を抜きに語れない。西側への進出を制限された音楽家たちは、国家からのいわれなき干渉と迫害に苦しめられた。

三冊目は、台湾の若い音楽ジャーナリストが旧ソ連出身者を含む一四名のピアニストにおこなったインタビューをまとめた本。この種の取材はあたりさわりのない質問に終始することが多いが、著者は深い音楽的教養とすぐれた批評精神をもとに率直で核心をつく質問を放ち、対象から貴重な証言の数々をひきだしている。たとえば、一九八〇年ショパンコンクールで圧倒的な実力にもかかわらず予選落ちし、アルゲリッチの審査員辞退騒動を引き起こしたイーヴォ・ポゴレリチ。実は二年後のチャイコフスキーでの優勝とひきかえにショパンの辞退を「提案」されていたという衝撃の告白もある。

三冊を通して、神どころか政治と商業主義に翻弄《ほんろう》されるピアニストの真実にふれてほしい。

（2014年7月13日）

鉄道の旅

酒井順子・選

①時刻表2万キロ（宮脇俊三著／角川文庫）
②鉄道ひとつばなし（原武史著／講談社現代新書）
③阿房列車――内田百閒集成1（内田百閒著／ちくま文庫）

鉄道好きな人とは、制約や縛りがあることに、喜びを感じる人なのだと私は思います。列車は、線路の上を、時刻表に従って走る乗り物。いつでもどこでも走り出したい人は、自動車を選ぶでしょう。がんじがらめになりたいわけではないけれど、「どうぞお好きに」というのも、つまらない。目の前にある制約を利用したりかいくぐったりしつつ前に進むのが、鉄道の醍醐《だいご》味《み》です。

そのせいか私は、何かに縛られている作者が書く鉄道本に、魅力を感じがちです。たとえば鉄道本界の巨星・宮脇俊三は、五十代まで会社勤めを続ける傍ら、週末などに好きな鉄道に乗り続けていました。そうして日本の国鉄全線完乗《かんじょう》をした様子を記したのが、デビュー作である『時刻表2万キロ』。会社員という立場がもたらす制約が、完乗の旅の味わいを深くしています。

この本の出版後、会社を辞めた宮脇さん。しかし自由に鉄道に乗る日々の中で記された著作にも、どこかに制約への郷愁がある気がしてなりません。

『鉄道ひとつばなし』の原武史さんも鉄道好きとして知られますが、彼もまた日本政治思想史が専門の大学教授という本職を持ちます。当然、旅に出られる機会は限られるかと思いますが、少年時代から蓄

積されてきた鉄道乗車歴と、研究の専門分野とが絶妙に混ざって、名鉄道エッセイが生まれる。制約に縛られることによって、その思考は歴史の奥へと、深く潜入するのではないでしょうか。

日本鉄道本界の古典が、内田百閒『阿房列車』であるわけですが、百閒にはさほどの制約は、無さそうに見えます。しかし阿房列車の旅をする時に百閒が自らに課していることは、「用事の無い旅」。行った先で何か役に立つことをするのは自らに禁じ、

「なんにも用事がないけれど、汽車に乗って大阪へ行って来よう」

という調子です。

この行為はすなわち、「鉄道旅の発見」なのだと思います。目的をもって乗るはずの鉄道に無目的で乗るという行為が成立することを証明するという、それはエポックメイキングな旅だったのではないか。

何らかの制約こそが、鉄道旅の最高のスパイス。列車が動き出した瞬間、その制約から解き放たれるたまらない快感を、あなたも。


（2014年7月20日）

原田マハ・選

アートと本

①**アンリ・ルソー　楽園の謎**（岡谷公二著／平凡社ライブラリー）
②**ダ・ヴィンチ・コード　上・中・下**（ダン・ブラウン著、越前敏弥訳／角川文庫）
③**美術の物語　ポケット版**（E・H・ゴンブリッチ著、長谷川宏ほか訳／ファイドン）＊1

少女の頃、父が美術全集のセールスマンをしていたこともあって、我が家にはいつも溢《あふ》れんばかりにアートの本が置いてあった。昭和四十年代、当然ながらテレビゲームもインターネットもない。娯楽を求めて私が繙《ひもと》いたのは、すぐ近くに山と積まれていた美術全集であった。複製ながらも、期せずして良質なアートに触れることのできる子供時代であったことを、いまさらながら父に感謝したい気持ちになる。

大学生になってから、ピカソやマティスのようなモダン・アートに強い関心を抱くようになり、手に取ったのが『アンリ・ルソー　楽園の謎』である。ちょうどその頃、友人にルソーの画集を見せられて「へたくそだけど、なんだか妙に魅力があるなあ」と、気になって仕方がなかった。大学の生協で本書をみつけてすぐに購入し、ノンストップで読みふけった。

本書は美術評論の書としてもすぐれているが、ルソーの人間性をあぶり出している好著である。本書を読むと、どこかしら不器用な、けれど描くことにまっすぐだった画家が愛《いと》おしく思えてくる。私は本書によって「いつかルソーのことを物語にしよう」と心に決めた。その二十五年後に、その決心は『楽園のカンヴァス』となって結実した。

ルソーのことをいつか書こうという思いを長らく胸に秘めつつ出会ったのが『ダ・ヴィンチ・コード』である。本書は、広告をたまたま目にして、発売直後に購入した。世界的な大ヒットとなる前にすでに読破していたことが私の自慢である。ルーブル美術館で起こった殺人事件と、その謎に巻き込まれてしまったラングドン教授。キリスト教の図像学を巧みに盛り込んだトリックは、専門家が読めば面白いに違いないが、一般的にはどうなんだろうか？　というのが読後の正直な印象だったが、日本でも大ヒットした。アートミステリーは多少難しくても受け入れられるのだと確信し、自分も書いてみようという弾みになった。

そしてアート本の極めつきは『美術の物語』である。「アート入門書の推薦を」と言われると、必ず本書を挙げる。二十世紀を代表する美術史家、ゴンブリッチが、アートの四千年の歴史をわかりやすく、愛情こめて説いてくれている本書に、どれほど励まされたことだろう。私の人生にアートがあってよかった。この三冊があってよかった。つくづくそう思っている。

（2014年9月21日）

猫と文学者

町田康・選

①ノラや（内田百閒著／中公文庫）
②明け方の猫（保坂和志著／中公文庫）＊1
③それでも猫は出かけていく（ハルノ宵子著／幻冬舎文庫）

猫と文学者といって、まず読みたいのはやはり内田百閒の『ノラや』で、自分の家にいて、日々、面倒を見たり可愛がったりしている猫がある日を境に帰ってこなくなったり、亡くなったりしたら誰だって悲しいが、その悲しい気持ちが度外れていて、また、その度外れた悲しみを達人の文章で綴《つづ》ってあるので、どうしたって心に迫ってくる。ただ、それが、「変わった人だね」「笑うね」ではなく、自分の悲しみとして迫ってくるのは、その文章の根底に、こんなに小さくて弱いものは可哀想だ、という気持ちがあるからだと思う。私は、猫が前脚と後脚をたたみ腹をつけて座っている姿を、香箱《こうばこ》を作る、と表現するのを、この作品を読んで知った。

猫をモチーフとして使った作品は多くあり、読む機会も多いが、その殆《ほとん》どが物語を展開するためだけに猫を登場させており、これだったら別に猫でなくとも、犬でも猿でも雉《きじ》でも象でもいいな、と思ってしまうのだけれども、その段、保坂和志の『明け方の猫』は、作者を考えればあたりまえの話であるが全然、違って、なにしろ語り手が猫である。といって最初から猫なのではなく、人間が気がついたら猫になっていた、という設定で、歩くことから始まって、匂いを感じること、音を感じること、景色を見

ること、といった感覚を通じて、人間の認識と猫の認識を往《ゆ》き来し、人間と猫の両側から、生きるということはどういうことか、死ぬということはどういうことか、にグイグイ迫っていって、なるほどこれは猫じゃないといけないと思うし、自分の内と外のこんがらかった結び目がほどけていくような気持ちがする小説である。

などと言って、「ならば自分も猫と暮らしてみたいなあ」と思う人に読んで貰《もら》いたいのは、ハルノ宵子の『それでも猫は出かけていく』で、作者は漫画家でありエッセイストであり、その父は評論家であり詩人である吉本隆明であるが、その吉本隆明の机を寝床にしている猫が長い間にわたって机の上に置いてあった苦心の原稿にオシッコをしていた。それを知った吉本隆明は快活に笑っていた、といった愉快な挿話がありながら、猫と暮らすこととはどういうことか、ということが、詳しく、具体的に、現実的に書いてある。病気の話も多く、悲惨な話も多いが、そのことが悲しみや苦しみとしてではなく、よろこびとして伝わってくるところがこの本の特徴であるように思う。

（2014年10月26日）

杉作J太郎・選

東映映画

①**東映ゲリラ戦記**（鈴木則文著／筑摩書房）
②**高倉健インタヴューズ**（野地秩嘉著／小学館文庫）
③**ほとんど人力《じんりょく》**（菅原文太著／小学館）

鈴木則文さん、高倉健さん、菅原文太さんのお三方は、いずれも今年お亡くなりになった。

僕がその三人と出会ったのはいずれも東映の映画館。四国松山の「東映グランド」だった。そこで上映されていたのは俗に言う「やくざ映画」だったが、今日の「やくざ」とはニュアンスがかなり違う。まったく違う。

そこで僕は男としての生きかたを学んだ。当時は男として、と思っていたが、いま考えれば人間としての生きかたを学んだ。ぼんやりしていると時代にのみ込まれていく。時代ではないかもしれない。時流にのみ込まれていく。世の中の流れにあわせたほうが楽しいし、お金も儲《もう》かるし、出世もできる。だがそこには自分がいない。それを学んだ。

時代を作るのは社会だ。集団だ。その集団を形成するのはひとりひとりの人間なのに、その人間がふらふらしていたのでは話にならない。それを教わった。学校では絶対に教えてくれなかったことを僕は映画館の暗がりで学んだ。

この三人は自分で示した道を自分自身の足でさらに極めていった。それは責任感から来るものだった

とも思える。

『東映ゲリラ戦記』は鈴木さんが監督を務めた不良性感度の強い作品群を記した回想録だ。芸術家は変節を恐れてはならない、と言いながら鈴木さんはまったく変わらない。観客に対するまっすぐな気持ちを一瞬も忘れない。

『高倉健インタヴューズ』は最後の映画となった『あなたへ』を公開するタイミングで出版されたインタビュー集。健さんはとにかく一貫している。一貫するために人生を捧《ささ》げたとも言える。

『ほとんど人力』は自分の生きかたの筋を通すために映画俳優を辞され、農業を営まれていた文太さんがいろいろな分野で孤独を恐れずに生きるひとたちと語り合う対談集だ。中東で灌漑《かんがい》工事を成し遂げた医師の中村哲さんとの対談中、文太さんは中村さんを評して「すがすがしい生き方」という言葉を使っている。

三人はともに東映という映画会社は離れられたが、それぞれが別の道でその生き方を全うし、奇《く》しくも今年、お亡くなりになった。

その生き方はまさに「すがすがしい」ものだったと思う。人生は全うするためにあるのだ。


（２０１４年12月28日）

海

高橋順子・選

①**丸山薫詩集**（丸山薫著／現代詩文庫　思潮社）＊1

②**花神コレクション俳句　鈴木真砂女**（鈴木真砂女著／花神社）＊1

③**渚の思想**（谷川健一著／晶文社）＊1

島国である日本は周囲を海に囲まれ、複雑ゆえに長い海岸線を有している。海辺に暮らす人びとは海の恵みに感謝し、心ごころに海を抱いて生きてきた。二〇一一年の東日本大震災による大津波をこうむるまでは、どこの海辺にも幸福がたしかにあった。この国では壮大な海洋文学こそ育たなかったが、海はよく詩歌に詠まれた。筆者も海辺の町に生まれ育ったので、海の詩を読むと、深ぶかと呼吸したい気持ちになる。

詩人・丸山薫は大分町（現、市）に生まれ、少年時代を愛知県豊橋に送った。船乗りを志したというから海に憧れる気持ちはハンパではない。東京商船学校に入学したが、病気退学。ついえた海への憧れは日々つのり、詩に結実した。『丸山薫詩集』でも浪漫的にして簡潔、なつかしい海洋詩を書いた。「僕にとっては古びた恋い妻／しかもなお若い歌をうたいつづける／おまえ　海という女」（「海という女」より）。フランス語の海（ラ・メール）は女性名詞であり、私の見てきたところでは日本の詩人も海を女性や母と見る人が多いが、中には「お父さん」と呼びかける女性詩人もいた。

千葉県鴨川町（現、市）生まれの俳人・鈴木真砂女《まさじょ》は運命に翻弄《ほんろう》されたような恋の人で、五十一歳の

とき何もかも捨てて家を出、銀座に小料理屋「卯《う》波《なみ》」を開店した。『鈴木真砂女』所収の句には運命を海の潮が運んできたと見るような潔さがあった。

「あるときは船より高き卯浪かな」

「冬の波いまわれのみに寄するかな」

民俗学者・谷川健一は熊本県水俣市生まれ。南島の習俗、神話伝説、地名研究などで知られ、詩的直観に富む「谷川民俗学」を樹立。『渚の思想』を読むと、海の色が深くなる感じがする。同書には、「渚は陸とも海とも見分けのつかない不思議な境界である。それゆえに、かつては現世と他界とをつなぐ接点とみられ、そこに墓地も産屋も設けられた」と記している。

境界といえば、私も子どものころ波打ち際で泥の舟をつくって遊び、「どうろくじんさま」と唱えたことを思い出した。道祖神を拝んでいたのだった。いま子どもたちはそんな遊びはしない。谷川も同書で自然海岸の大量の破壊を嘆いた。

谷川は歌人でもあった。同書から一首。

「肉は悲し書は読み終へぬみんなみの離《ぱな》りの島の渚に死なむ」

（2015年3月15日）

夢枕獏・選

山

①**狼は帰らず——アルピニスト・森田勝の生と死**（佐瀬稔著／ヤマケイ文庫）
②**詩集　山**（串田孫一著／文京書房）
③**大唐西域記　全3巻**（玄奘著、水谷真成訳／東洋文庫）

登山家森田勝について書かれたノンフィクション『狼は帰らず』という本がある。

拙著『神々の山嶺《いただき》』の主人公をどうしようかと考えあぐねていた時、この本を読み返して、羽生丈二のモデルを、森田勝としようと決めたのである。森田勝は、天才的なクライマーだった。自己に忠実で、純粋。これは言いかえれば、我儘《わがまま》ということでもある。その森田勝というおそるべき魅力に満ちた人物の生と死を書いた佐瀬稔の文章がまたいいのである。

二〇代の頃、串田孫一の本を本屋で見つけては、それを喫茶店で読むというのが好きだったのだ。『山』という詩集もそのようにして読み、愛読書となった。

初めての告白になるが、串田孫一のようになりたいと思っていた時期もあったのである。「枯草の尾根」という詩がある。その数節——

ゆっくりと休もう　疲れていなくとも　こうして少しは休むものだ

また「五月の山なみ」の数節——

このおだやかな　遙かにつらなる起伏は　私にとつて愛撫のような祝福だ　私はもう　何処

へ行くのでなくともよいと思う

ああ、いいなあ、串田孫一は。三十数年ぶりに読み返して、またしみじみとしてしまったではないか。

『大唐西域記』は、ごぞんじ『西遊記』の三蔵法師のモデルとなった人物の本である。

玄奘《げんじょう》は、唐の時代、長安から天竺《てんじく》（インド）まで旅をして、十七年をかけて、山のような経典を持って帰ってきた。現代で言う登山家でこそないが、ぼくにとっては同じである。玄奘のことをいつか小説に書きたくて、何年かかけて、夏になるたびに、同じコースを旅したことがある。途中、天安門事件があって中断したこともあるが、インドと一部をのぞいて、ようやくその旅を終えたところだ。この本、宗教書ではなく、唐の皇帝から頼まれて書いた、世界の地理書である。

　現在の視点から見ても、おそるべき正確さで玄奘は当時の世界について記している。シルクロード好きの人間にとっての必読書といっていいであろう。今でもおもしろい。リアル『西遊記』をご一読あれ。

（2015年5月10日）

サンキュータツオ・選

落語

①まくらは落語をすくえるか（澤田一矢著／筑摩書房）＊1

②落語評論はなぜ役に立たないのか（広瀬和生著／光文社新書）＊2

③現在落語論（立川吉笑著／毎日新聞出版）

立川談春師匠の『赤めだか』がドラマ化されたり、来年からは雲田はるこ原作の漫画『昭和元禄落語心中』がアニメ化される。私もささやかながら毎月5日間の初心者向け落語会を開催したりしていて、肌で感じる「落語、キテるぞ！」という空気。このままでは滅びるといわれていた90年代から思うと、落語はずいぶん活性化している。

いくつかの人気ドラマがあって、落語を聴く分母も徐々に増えているが、いまだに「落語を聴くには、なにか勉強してからでないといけない」と思っている人も多い。実際には映画を観《み》に行くように気軽に行ってなんの問題もなく楽しめるのだが、そこまでの一歩が踏み出せないようだ。難しそうなイメージだけが先行している。どうしたらこの時代に落語を最先端のエンターテインメントとして提案できるのか。そこで大事になってくるポイントは、その落語家さんが「現代人としておなじ時代の人に語りかける力があるか」ということだ。

①は、80年代の書籍だが、当時の落語家の「まくら」だけを文字化して、古典落語をどう現代に接続するか、という観点で、そこにさまざまなアプローチが存在することをまとめた名著だ。技術論として

「まくらと古典をリンクさせる」という考えが存在していても、このように例示してくれる本は非常に少ない。現在に置き換えても充分に読み応えのある一冊だ。

②は、２０００年代に入っていよいよ活況を呈してきた落語界に、昭和の落語と決別するときだと告げた本だと思う。「落語とはなにか」と考える必要はない、落語は文学ではない、演目は「素材」にすぎない、などなど、目次も刺激的。完成形など存在せず、気軽に楽しめる落語という芸能の魅力を叫び続けてくれている。この著者の書く落語論はどれもおもしろい。

③は、立川談志以降にアップデートされた落語の魅力を、おなじ現代人として語った、出版されたばかりの一冊。演劇、映画、読書にスポーツ、多様化する趣味のなかで、落語を並列化し、その素晴らしさを見事に語っている。落語は省略されているからこそ「なんでもある」し、伝統性と大衆性の両方の顔があるからこそ生き残ってきているが、誤解も生まれている。談志の『現代落語論』からちょうど半世紀、若干30歳の気鋭の二つ目が出版した歴史的一冊となるだろう。

（２０１５年12月20日）

みうらじゅん・選

スキャンダル

①**パティ・ボイド自伝　ワンダフル・トゥデイ**（パティ・ボイド、ペニー・ジュノー著、前むつみ訳／シンコーミュージック）＊1

②**グリニッチヴィレッジの青春**（スージー・ロトロ著、菅野ヘッケル訳／河出書房新社）＊1

③**安部公房とわたし**（山口果林著／講談社）

1991年、元ビートルズのジョージ・ハリスンとエリック・クラプトンが揃《そろ》って来日、コンサートを行った。当然、気になったのはクラプトンがジョージを前に「レイラ」を歌うか、歌わないか？である。このロック史上に残る名曲はクラプトンが元・ジョージの妻、パティ・ボイドに捧《ささ》げた歌として余りにも有名で、後に略奪婚を果たしたクラプトンがどの面下げて歌うのか？　僕を含めた観客はスキャンダル雑誌の記者のように、今か今かと待ち構えていたのである。

結局、歌わなかった。「そりゃ、いくら何でも歌えないだろ」、会場を後にする観客からそんな声も聞こえてきた。クラプトンはその頃にはパティと離婚し、また他の人と再婚していた。ジョージと友情を取り戻したからこそのジョイント・コンサートであったことは間違いないのだが、そんな2人を虜《とりこ》にした当人が書いた『パティ・ボイド自伝』を読むと、意外な関係性も垣間見ることが出来て、おもしろい。

ボブ・ディランはセカンド・アルバムのジャケット写真に当時、つき合っていた女性、スージー・ロトロと仲睦《むつ》まじく腕を組み、写っていた。他人の恋愛にとやかく言う筋合いはないし、まして、ディランだもの。そこは敢《あ》えてセルフ・スキャンダルとして発表したのかもしれないが、嫁ならまだしも、今

後のおつき合いがどうなるか分からない彼女を、しかも全世界に向けて発信したのはどうなのよ？　このアルバム、初期の名曲「風に吹かれて」が入っていたこともあり大ヒット。当然のことながら、スージーも噂《うわさ》の標的に。〝ディランと過ごした愛の日々〟と帯文にあるように、後に彼女が出した自伝『グリニッチヴィレッジの青春』にはその当時の苦悩も書き綴《つづ》られていた。

『安部公房とわたし』という本も同様、つき合っていた山口果《か》林《りん》さんの目線で安部公房という小説家であり劇作家の巨人が浮き彫りになっていて、かなり興味深かった。

男というものはどんな立場にあっても、たとえ彼女がうんと歳下であっても、その母性の前では少年のまま。いくつになっても、「本当、仕方ない子ね」と、優しく言ってもらいたいわけだ。これらの本には共通してプライベートな写真が載っているのだが、世間で見せているのとは全く違う顔。ファンには垂涎《すいぜん》ものだが、本人はどうだろう？などといろいろ考えさせられる３冊なのである。

（２０１６年２月28日）

現代詩

蜂飼耳・選

①**サンチョ・パンサの帰郷**（石原吉郎著／思潮社）

②**近代詩から現代詩へ　明治、大正、昭和の詩人**（鮎川信夫著／思潮社詩の森文庫）＊1

③**戦後詩　ユリシーズの不在**（寺山修司著／講談社文芸文庫）＊1

現在の詩に繋《つな》がる流れをさかのぼると『新体詩抄』に行き着く。一八八二年、明治十五年に刊行された実験的なアンソロジーだ。三人の編者による、翻訳詩と創作詩から成る。そこから数えると、百三十四年。詩はどのように歩んできたのか。その魅力にふれる、入門的な本として、次の三冊を挙げたい。

石原吉郎の詩集『サンチョ・パンサの帰郷』は、一九六三（昭和三十八）年刊行の名詩集。今年、初版の体裁による復刻版が出た。シベリア抑留の厳しい日々を底に沈めた詩の数々は、たとえそうと知らずに読んでも、断言、断定的表現のもたらす緊張感で読み手をとらえる。

ある文章で著者はこう述べる。〈詩は、「書くまい」とする衝動なのだ〉と。言葉がますます軽くなるように見える現代こそ、こうした言葉との関係は見直されてよいだろう。

鮎川信夫『近代詩から現代詩へ』は明治、大正、昭和の詩を鑑賞、批評する（一九六六年刊行『詩の見方』を文庫化の段階で改題）。四十九人の詩人による、約六十編。一人の詩人につき数ページ。さらっとした紹介。もうちょっと読みたい、と思うあたりで別の詩人へ移る、その分量が、味わいとリズムを作る。高村光太郎については「一貫して倫理的態度をもって終始」と観察。中原中也は「悲哀の純粋持

続」、西脇順三郎は「近代人のために新しい自然を啓示」と、基本的な要素を凝縮して記述する。戦後詩の出発となった詩誌『荒地』の詩人・鮎川信夫が、先行する詩の世界をどう捉えていたか、知ることができる。

寺山修司『戦後詩』は、一九六五年刊行。短歌や詩を書き、劇作家、演出家としても幅ひろく活躍した著者による、明晰《めいせき》な詩論。鋭くて柔軟な視点と文章は、いまも色あせない。自分は「実感を大切にすることから詩作をはじめた世代」に属する、と記す。「戦後七人の詩人」として谷川俊太郎、岩田宏、黒田喜夫、吉岡実、西東三鬼、塚本邦雄、星野哲郎を挙げる。「役に立つ詩」はなくても「詩を役立てる心」はある、と読者を挑発する。

明治期に短歌・俳句・漢詩とは異なる方法を模索して出発した詩は、さまざまなジャンルと接触しながら、そのあやうさの中に真剣な遊びを重ねてきたのだ。詩の言葉は、言語にそなわる根源的な機能をあらわにして見せる。詩は、読まれるたびに新しくなる。

（2016年6月12日）

和田誠の3冊①

丸谷才一・選

①時間旅行（メディアファクトリー）
②装丁物語（白水社）＊1
③あな（谷川俊太郎作、和田誠画／福音館書店）
※②は2020年2月に中公文庫として刊行予定

『時間旅行』は一九九七年に銀座で開いた個展（これで毎日デザイン賞を受賞）の記録。母親が取って置いてくれた幼時の絵（四歳の時に『侍と蛇とお化け』という絵物語を描いた）から現在までの作品（ポスター、装釘、絵本、LPやCDのジャケット……）を集める。その個展のときのトークショー（巻末に収める）で、

「あなたは誰ですか？」

「和田誠というイラストレーターですよ」

というやりとりがあった。彼が一種のレオナルド的人間で、デザイナーであるし、映画監督であるし、本も書くし（たとえば『装丁物語』や『似顔絵物語』での精細でしかも自由な筆致などすごい文章力）、作曲もする、それがみんなうまいのを踏まえての質問だが、やはり中心にあるのはイラストレーションなのだ。


この仕事の特質は相手に合せることで、もちろん自己を失わずにしかも他者と協力しなければならない。この合せるという性格は日本文化の特色（屏風絵と屏風歌とか連句の付合《つけあい》とかが好例）で、われわれはこれによって生きてきた。つまり現代の代表的イラストレーター和田誠は、伝統的な日本美の方法を最もよく継承し体現している人だと言えるかもしれない。

そのへんの事情を知るのに一番いいのは、谷川俊太郎との共作である絵本『あな』。男の子が日曜日、

何もすることがないので庭に穴を掘り、出来あがるとその底から空を眺め、それから穴を埋めるという筋。その一部始終をきれいな線と色とで描く。毎ページに何か趣向がある。和田誠は詩人の詩論と人生論に寄り添いながら、花やかに自己を表現して、相手を引立てる。子供時代の孤独と憂愁を底に秘めて、都市的な明るい社交性に遊ぶ。それによって生活のなかで祝祭がおこなわれる。

この祝祭という局面を端的に示すのは彼のパロディの才である。パロディはカーニヴァル的な逆転によって戯れ、祝うものだから。彼のパロディ集『倫敦巴里《ロンドンパリ》』(話の特集)が絶版で、ここにあげられないのは残念。斎藤緑雨以後最高のものなのに。

(2001年4月1日)

和田誠の3冊

三谷幸喜・選

僕が映画好きになったのは、確実に和田誠さんの影響です。中学生の頃はDVDもなく、レンタルビデオ屋さんもなく、映画を観《み》るには映画館に行くか、テレビの洋画劇場くらいしか手はありませんでした。映画館にも掛からない、テレビでも放送されない古い映画は、和田さんの『お楽しみはこれからだ』シリーズや、和田さんと山田宏一さんとの共著『たかが映画じゃないか』を読んで想像するしかなかったのです。「謎の要人悠々逃亡」「絶壁の彼方《かなた》に」「生きていた男」「春の珍事」等々、和田さんの文章でしか知ることの出来ない、幻の映画の数々。読む度に、世の中にはなんて面白い映画があるんだろうと、胸をときめかせたものです。ちなみに「謎の要人〜」と「絶壁〜」は大人になってからVTRで観ることが出来ましたが、「生きていた〜」と「春の〜」は未《いま》だに僕にとっては幻の名作です。

似顔絵を描くのが好きになったのも、和田さんの影響です。『お楽しみはこれからだ』を見ながら、何度模写したことか。和田タッチを真似《まね》て、同級生全員の顔を描いてみたこともあります。今でもたまに映画のスタッフの似顔絵を描いてプレゼントしたりします。人とコミュニケーションを取るのが苦手な僕にとって、似顔絵は最大の武器。これも和田さんのおかげです。

それからもうひとつ。パロディの面白さを知ったのも、和田さんの本が最初でした。『倫敦巴里』は

①お楽しみはこれからだ　PartⅠ〜7（文藝春秋）＊1

②たかが映画じゃないか（和田誠、山田宏一著／文春文庫）＊1

③倫敦巴里（話の特集）＊1

※③は新装版（ナナロク社刊）あり

抱腹絶倒、遊び心満載の一冊。川端康成の『雪国』の冒頭を星新一、伊丹十三、淀川長治といった人たちが書いたら、という設定の「雪国・またはノーベル賞をもらいましょう」は、高校生の僕に、パロディとはなにかを教えてくれました。

もっとも和田さんご自身は、これらはパロディではなく「もじり」であると書いていらっしゃいます。ビートルズを様々な有名画家が描く「ビートルズ・ギャラリー」は、ロートレックが描くポール、ゴッホが描くジョージ、写楽のリンゴ・スター、シャガールのジョン・レノンと、もちろん実際に描いているのは和田画伯なのですが、どれもいかにもそれらしく、それでいてビートルズの似顔絵にもなっているという超絶技巧の極致。『倫敦巴里』は、和田さんが、絵も文章もアイデアも超一流のパロディスト、いやモジリストであることを証明しています。

和田さんと出会っていなかったら、僕の人生はずいぶん味気ないものになっていただろうな、とつくづく思います。

（2013年12月1日）

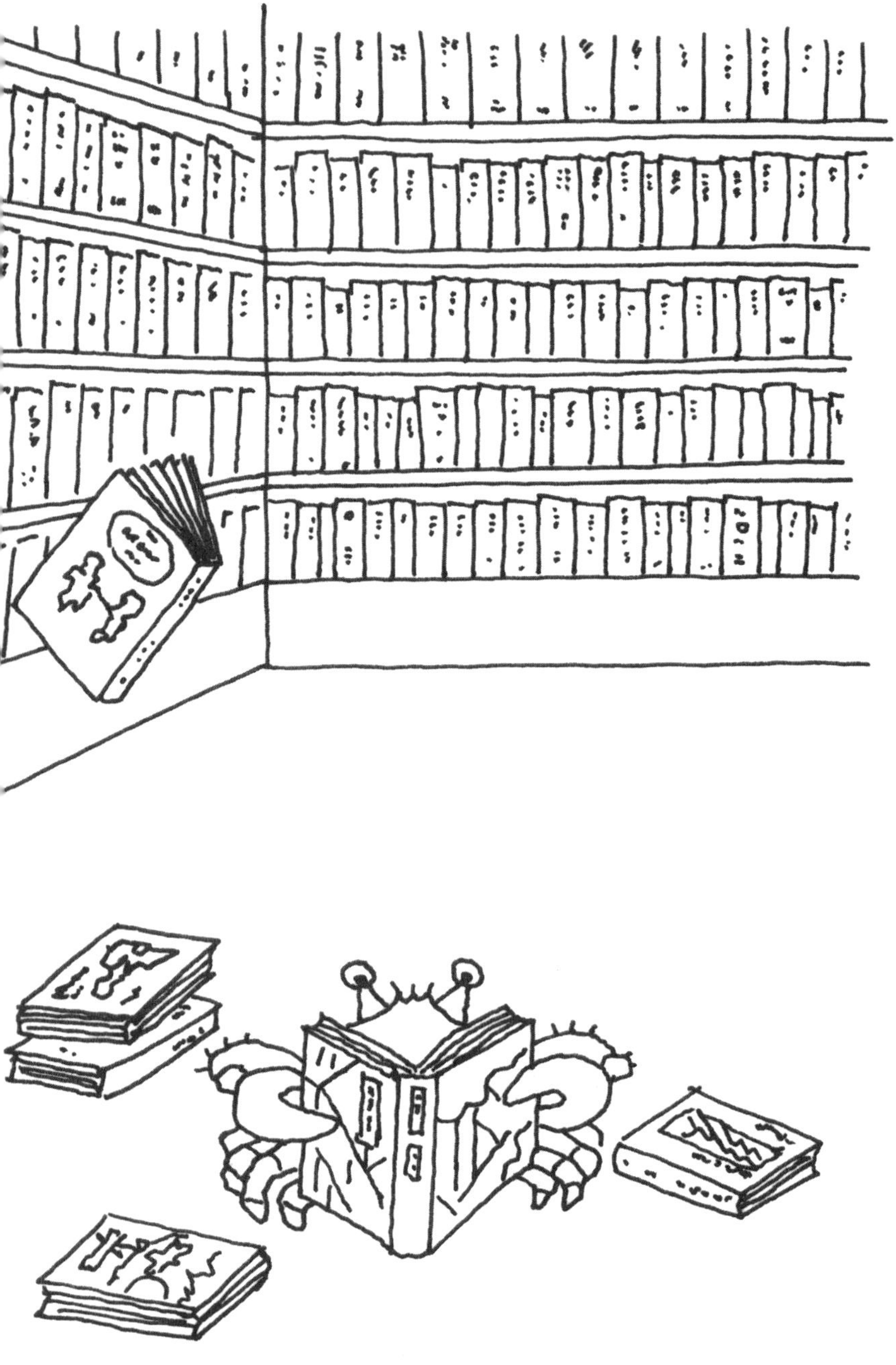

執筆者紹介

I

江國香織（えくに・かおり）
一九六四年生まれ。作家。二〇〇四年、『号泣する準備はできていた』で第百三十回直木賞受賞。著書に『きらきらひかる』『ぼくの小鳥ちゃん』『泳ぐのに、安全でも適切でもありません』など多数。

若島正（わかしま・ただし）
一九五二年生まれ。英文学者、翻訳家。京都大学名誉教授。著書に『ロリータ、ロリータ、ロリータ』、訳書にウラジーミル・ナボコフ『ロリータ』など多数。

佐藤多佳子（さとう・たかこ）
作家。一九八九年、「サマータイム」でデビュー。著書に『しゃべれどもしゃべれども』『黄色い目の魚』『一瞬の風になれ』『明るい夜に出かけて』など。

天沢退二郎（あまざわ・たいじろう）
一九三六年生まれ。詩人、仏文学者、少年小説作家、翻訳家。東大在学中に第一詩集『道道』を刊行し、詩人として出発。仏文学者であると同時に宮沢賢治研究者、ファンタジー作家としても知られる。著書に『《地獄》にて』『宮沢賢治の彼方へ』『光車よ、まわれ！』、訳書に『ペロー童話集』など多数。

三木卓（みき・たく）
一九三五年生まれ。詩人、作家、翻訳家。著書に『三木卓詩集』『ぽたぽた』『野いばらの衣』『K』、アーノルド・ローベル『ふたりはいっしょ』（翻訳）など多数。

小川洋子（おがわ・ようこ）
一九六二年生まれ。作家。一九九一年、「妊娠カレンダー」で第百四回芥川賞受賞。著書に『冷めない紅茶』『博士の愛した数式』『ミーナの行進』『猫を抱いて象と泳ぐ』『ことり』『小箱』など多数。

落合恵子（おちあい・けいこ）
一九四五年生まれ。作家。文化放送でアナウンサーとして活躍後、作家活動に入る。一九七六年には子どもの本の専門店「クレヨンハウス」を開店。最近の主な著書に『母に歌う子守歌』『泣きかたをわすれていた』など多数。

松浦寿輝（まつうら・ひさき）
一九五四年生まれ。詩人、作家。東京大学名誉教授。著書に『冬の本』『エッフェル塔試論』『折口信夫論』『幽』『巴』『川の光』『名誉と恍惚』など多数。

馬場啓一（ばば・けいいち）
一九四八年生まれ。作家、エッセイスト。ジャズ、ミステリー、映画、ファッションなど幅広い分野を手がける。著書に『池波正太郎が通った味』『白洲次郎の生き方』など。

恩田陸（おんだ・りく）
一九六四年生まれ。作家。一九九一年、『六番目の小夜子』でデビュー。二〇一七年、『蜜蜂と遠雷』で第百五十六回直木賞を受賞。著書に『夜のピクニック』『ユージニア』『チョコレートコスモス』など多数。

清水義範（しみず・よしのり）
一九四七年生まれ。作家。一九八八年、『国語入試問題必勝法』で第九回吉川英治文学新人賞を受賞。著書に『蕎麦ときしめん』『ムイミダス』『清水義範パスティーシュ100』など多数。

湯川豊（ゆかわ・ゆたか）
一九三八年生まれ。文芸評論家、エッセイスト。慶大卒。文藝春秋入社後、「文學界」編集長、取締役などを経て退社。東海大学教授を勤めた。著書に『イワナの夏』『須賀敦子を読む』『大岡昇平の時代』など。

養老孟司（ようろう・たけし）
一九三七年生まれ。解剖学者。東京大学教授、北里大学教授、大正大学客員教授を歴任。著書に『唯脳論』『身体の文学史』『バカの壁』『遺言。』など多数。

伊藤比呂美（いとう・ひろみ）
一九五五年生まれ。詩人。一九七八年、現代詩手帖賞受賞。以後、詩、小説、エッセイなどで多彩な活動を展開する。著書に『青梅』『とげ抜き　新巣鴨地蔵縁起』『閉経記』など多数。

逢坂剛（おうさか・ごう）
一九四三年生まれ。作家。一九八七年、『カディスの赤い星』で第九十六回直木賞受賞。著書に『百舌の叫ぶ夜』『燃える地の果てに』『イベリアの雷鳴』『禿鷹の夜』など多数。

原尞（はら・りょう）
一九四六年生まれ。作家。一九八九年、『私が殺した少女』で第百二回直木賞受賞。著書に『そして夜は甦る』『さらば長き眠り』『天使たちの探偵』『愚か者死すべし』『それまでの明日』など。

やなぎみわ
美術家・演出家。九〇年代前半より国内外で多くの展覧会を開催。二〇〇九年ヴェネツィア・ビエンナーレ日本館代表作家。二〇一〇年より舞台制作を行い、作・演出・美術を手掛ける。二〇一四年からは台灣で製造した舞台車で野外劇で旅公演を行っている。

島田荘司（しまだ・そうじ）
一九四八年生まれ。作家。一九八一年、『占星術殺人事件』でデビュー。以降、本格ミステリーの代表的作家として活躍を続ける。著書に『斜め屋敷の犯罪』『アトポス』『アルカトラズ幻想』など多数。

中島京子（なかじま・きょうこ）
一九六四年生まれ。作家。二〇〇三年、『FUTON』で作家デビュー。二〇一〇年、『小さいおうち』で第百四十三回直木賞受賞。著書に『長いお別れ』『夢見る帝国図書館』など多数。

吉本ばなな（よしもと・ばなな）
一九六四年生まれ。一九八七年、『キッチン』で作家デビュー。著書に『うたかた／サンクチュアリ』『TUGUMI』『アムリタ』『吹上奇譚　第二話　どんぶり』など多数。

綾辻行人（あやつじ・ゆきと）
一九六〇年生まれ。作家。一九八七年、『十角館の殺人』でデビュー。著書に『霧越邸殺人事件』『時計館の殺人』『深泥丘奇談』『Another』『奇面館の殺人』など多数。

今野敏（こんの・びん）
一九五五年生まれ。作家。一九七八年、『怪物が街にやってくる』でデビュー。著書に『隠蔽捜査』シリーズ、『安積班』シリーズ、『ST　警視庁科学捜査班』シリーズ、『同期』シリーズなど多数。

湊かなえ（みなと・かなえ）
一九七三年生まれ。作家。二〇〇九年、『告白』で第六回本屋大賞、二〇一六年、『ユートピア』で第二十九回山本周五郎賞受賞。著書に『贖罪』『夜行観覧車』『落日』など多数。

北村薫（きたむら・かおる）
一九四九年生まれ。作家。一九八九年、『空飛ぶ馬』でデビュー。著書に『夜の蝉』『スキップ』『鷺と雪』『いとま申して』『遠い唇』『中野のお父さん』など多数。

小林信彦（こばやし・のぶひこ）
一九三二年生まれ。編集者を経て、作家活動に入る。著書に『唐獅子株式会社』『夢の砦』『うらなり』『日本橋バビロン』『日本の喜劇人』『名人』など多数。

米澤穂信（よねざわ・ほのぶ）
一九七八年生まれ。作家。二〇〇一年、『氷菓』でデビュー。二〇一一年、『折れた竜骨』で第六十四回日本推理作家協会賞受賞。二〇一四年、『満願』で第二十七回山本周五郎賞受賞。著書に『インシテミル』『王とサーカス』など。

池澤夏樹（いけざわ・なつき）
一九四五年生まれ。作家、詩人。一九八八年、『スティル・ライフ』で第九十八回芥川賞受賞。著書に『マシアス・ギリの失脚』

『花を運ぶ妹』『アトミック・ボックス』『ハワイイ紀行』など多数。

＊

夏目房之介（なつめ・ふさのすけ）
一九五〇年生まれ。漫画家、エッセイスト。学習院大学教授。実作者としての経験をふまえた数々の漫画評論で知られる。著書に『手塚治虫はどこにいる』『手塚治虫の冒険』など多数。

関川夏央（せきかわ・なつお）
一九四九年生まれ。作家。一九八五年、『海峡を越えたホームラン』で講談社ノンフィクション賞受賞。著書に『ソウルの練習問題』『戦中派天才老人・山田風太郎』『昭和が明るかった頃』『白樺たちの大正』など多数。

Ⅱ

北杜夫（きた・もりお）
一九二七年生まれ。作家。一九六〇年、『夜と霧の隅で』で第四十三回芥川賞受賞。著書に『幽霊』『どくとるマンボウ航海記』『楡家の人びと』『輝ける碧き空の下で』など多数。二〇一一年、逝去。

吉村昭（よしむら・あきら）
一九二七年生まれ。作家。一九六六年、『星への旅』で第二回太宰治賞受賞、一九七三年、『戦艦武蔵』などで菊池寛賞受賞。著書に『関東大震災』『羆嵐』『冷い夏、熱い夏』など多数。二〇〇六年、逝去。

児玉清（こだま・きよし）
一九三三年生まれ。俳優、作家。一九五八年、『隠し砦の三悪人』で映画デビュー。映画、TVで活躍するかたわら、エッセイや書評を数多く手がけた。著書に『寝ても覚めても本の虫』など。二〇一一年、逝去。

堀江敏幸（ほりえ・としゆき）
一九六四年生まれ。作家。二〇〇一年、『熊の敷石』で第百二十四回芥川賞受賞。著書に『おぱらばん』『雪沼とその周辺』『河岸忘日抄』『なずな』など多数。

中江有里（なかえ・ゆり）
一九七三年生まれ。女優、作家。女優活動のかたわら、二〇〇六年、『結婚写真』で作家デビュー。以降、文筆家としても活動を展開。著書に『トランスファー』『残りものには、過去がある』。

保坂和志（ほさか・かずし）
一九五六年生まれ。作家。一九九〇年、『プレーンソング』でデビュー。一九九五年、「この人の閾」で第百十三回芥川賞受賞。著書に『草の上の朝食』『残響』『カンバセイション・ピース』『未明の闘争』など。

松井今朝子（まつい・けさこ）
一九五三年生まれ。作家。歌舞伎の制作・演出などの仕事に携わったあと、作家デビュー。二〇〇七年、『吉原手引草』で第百三十七回直木賞受賞。著書に『仲蔵狂乱』『円朝の女』など多数。

中村文則（なかむら・ふみのり）
一九七七年生まれ。作家。二〇〇五年、『土の中の子供』で第百三十三回芥川賞受賞。著書に『掏摸』『去年の冬、きみと別れ』『教団X』『あなたが消えた夜に』『私の消滅』など。

青野聰（あおの・そう）
一九四三年生まれ。作家。一九七九年、『愚者の夜』で第八十一回芥川賞受賞。二〇〇八年、紫綬褒章受章。著書に『女からの声』『人間のいとなみ』『母よ』『南の息』など。

加賀乙彦（かが・おとひこ）
一九二九年生まれ。作家、犯罪心理学者。一九六八年『フランドルの冬』芸術選奨文部大臣新人賞。一九七三年『帰らざる夏』谷崎潤一郎賞。一九七九年『宣告』日本文学大賞。一九八六年『湿原』大佛次郎賞。一九九八年『永遠の都』芸術選奨文部大臣賞。二〇一二年『雲の都』毎日出版文化賞企画特別賞。二〇一一年文化功労者。

太田光（おおた・ひかり）
一九六五年生まれ。漫才師。一九八八年に爆笑問題を結成。以降、TV、舞台で活躍。また映画監督、作家など多彩な分野で活動を展開している。著書に『マボロシの鳥』『文明の子』など。

池内紀（いけうち・おさむ）
一九四〇年生まれ。独文学者。東京都立大学、東京大学教授を経て、翻訳家、エッセイストとして活動。著書に『恋文物語』『海山のあいだ』『すごいとしよりＢＯＯＫ』など多数。二〇一九年、逝去。

佐伯一麦（さえき・かずみ）
一九五九年生まれ。作家。一九八四年、「木を接ぐ」でデビュー。一九九一年、『ア・ルース・ボーイ』で三島由紀夫賞受賞。著書に『ショート・サーキット』『鉄塔家族』『渡良瀬』『山海記』など。

佐藤良明（さとう・よしあき）
一九五〇年生まれ。米文学者、ポピュラー音楽研究者。東京大学名誉教授。著書に『ラバーソウルの弾みかた』『Ｊ‐ＰＯＰ進化論』など、訳書にトマス・ピンチョン『重力の虹』などがある。

外山滋比古（とやま・しげひこ）
一九二三年生まれ。お茶の水女子大学名誉教授、エッセイスト。著書に『近代読者論』『異本論』『思考の整理学』『今昔有情』『やわらかく、考える。』など多数。

角田光代（かくた・みつよ）
一九六七年生まれ。作家。二〇〇五年、『対岸の彼女』で第百三十二回直木賞受賞。著書に『キッドナップ・ツアー』『空中庭園』『八日目の蟬』『紙の月』『笹の舟で海をわたる』など多数。

藤沢周（ふじさわ・しゅう）
一九五九年生まれ。作家。一九九八年、『ブエノスアイレス午前零時』で第百十九回芥川賞受賞。著書に『死亡遊戯』『オレンジ・アンド・タール』『箱崎ジャンクション』『武曲』など。

平野啓一郎（ひらの・けいいちろう）
一九七五年生まれ。作家。九九年、『日蝕』で第百二十回芥川賞受賞。著書に『葬送』『決壊』『ドーン』『空白を満たしなさい』『マチネの終わりに』『ある男』など。

道尾秀介（みちお・しゅうすけ）
一九七五年生まれ。作家。二〇〇四年、『背の眼』でデビュー。一一年、『月と蟹』で第百四十四回直木賞受賞。著書に『向日葵の咲かない夏』『カラスの親指』『いけない』など多数。

桐野夏生（きりの・なつお）
一九五一年生まれ。作家。一九九九年『柔らかな頬』で第百二十一回直木賞受賞。二〇一五年、紫綬褒章受章。著書に『ＯＵＴ』『グロテスク』『残虐記』『魂萌え！』『東京島』『ナニカアル』『だから荒野』など多数。

古井由吉（ふるい・よしきち）
一九三七年生まれ。作家。一九七一年、『杳子』で第六十四回芥川賞受賞。著書に『円陣を組む女たち』『栖』『槿』『仮往生伝試文』『楽天記』『白髪の歌』『野川』など多数。

諸田玲子（もろた・れいこ）
作家。一九九六年、『眩惑』でデビュー。二〇〇三年、『其の一日』で吉川英治文学新人賞、〇七年『奸婦にあらず』で新田次郎文学賞、十七年『今ひとたびの、和泉式部』で親鸞賞を受賞。著書に『四十八人目の忠臣』『尼子姫十勇士』など多数。

天童荒太（てんどう・あらた）
一九六〇年生まれ。作家。二〇〇九年、『悼む人』で第百四十回直木賞受賞。著書に『家族狩り』『永遠の仔』『ペインレス』『巡礼の家』『歓喜の仔』など。

石田衣良（いしだ・いら）
一九六〇年生まれ。作家。二〇〇三年、『４ＴＥＥＮ』で第百二十九回直木賞受賞。著書に『池袋ウエストゲートパーク』『娼年』『1ポンドの悲しみ』『美丘』『不死鳥少年』など多数。

穂村弘（ほむら・ひろし）
一九六二年生まれ。歌人。一九九〇年、第一歌集『シンジケート』刊行。評論、エッセイ、翻訳などの多彩な分野で活躍する。著書に『短歌の友人』『世界音痴』『鳥肌が』など多数。

篠田節子（しのだ・せつこ）
一九五五年生まれ。作家。一九九七年、『女たちのジハード』で第百十七回直木賞受賞。著書に『絹の変容』『仮想儀礼』『銀婚式』『インドクリスタル』『鏡の背面』など多数。

古川日出男（ふるかわ・ひでお）
一九六六年生まれ。作家。『アラビアの夜の種族』で第五十五回推理作家協会賞、第二十二回日本SF大賞受賞、『女たち三百人の裏切りの書』で第三十七回野間文芸新人賞、第六十七回読売文学賞受賞。『ベルカ、吠えないのか？』『聖家族』など著書多数。

荻原浩（おぎわら・ひろし）
一九五六年生まれ。作家。二〇一六年、『海の見える理髪店』で第百五十五回直木賞受賞。著書に『神様からひと言』『明日の記憶』『愛しの座敷わらし』『ストロベリーライフ』など多数。

畠中恵（はたけなか・めぐみ）
一九五九年生まれ。作家。二〇〇一年、『しゃばけ』で第十三回日本ファンタジーノベル大賞優秀賞受賞。著書に『ぬしさまへ』『まんまこと』『つくもがみ貸します』など多数。

三浦しをん（みうら・しをん）
一九七六年生まれ。作家。二〇〇六年、『まほろ駅前多田便利軒』で第百三十五回直木賞受賞。著書に『神去なあなあ日常』『舟を編む』『あの家に暮らす四人の女』『ののはな通信』など多数。

青来有一（せいらい・ゆういち）
一九五八年生まれ。作家。二〇〇一年、『聖水』で第百二十四回芥川賞受賞。二〇〇七年、『爆心』で第四十三回谷崎潤一郎賞受賞。著書に、『小指が燃える』など。

内田樹（うちだ・たつる）
一九五〇年生まれ。仏文学者、武道家。二〇〇一年、『ためらいの倫理学』刊行。以降、旺盛な執筆活動を展開。著書に『「おじさん」的思考』『日本辺境論』『生きづらさについて考える』など多数。

綿矢りさ（わたや・りさ）
一九八四年生まれ。作家。二〇〇四年、『蹴りたい背中』で第百三十回芥川賞受賞。著書に『インストール』『勝手にふるえてろ』『かわいそうだね？』『生のみ生のままで』など。

大泉実成（おおいずみ・みつなり）
一九六一年生まれ。ノンフィクション作家。一九八九年、『説得』で講談社ノンフィクション賞受賞。著書に『消えたマンガ家』『萌えの研究』『ではまた、あの世で 回想の水木しげる』など。

戌井昭人（いぬい・あきと）
一九七一年生まれ。作家。演劇活動と並行して小説を発表。二〇一四年、『すっぽん心中』で第四十回川端康成賞受賞。著書に『まずいスープ』『俳優・亀岡拓次』『ぴんぞろ』など。

水村美苗（みずむら・みなえ）
一九五一年生まれ。作家、近代文学研究者。大学で教鞭をとるかたわら、小説執筆を開始。著書に『續明暗』『私小説 from left to right』『本格小説』『日本語が亡びるとき』など。

＊

星野智幸（ほしの・ともゆき）
一九六五年生まれ。作家。新聞社勤務を経て、一九九七年、『最後の吐息』で文藝賞を受賞し作家活動へ入る。著書に『俺俺』『夜は終わらない』『焰』など。

小野正嗣（おの・まさつぐ）
一九七〇年生まれ。作家、仏文学者。二〇〇二年、『にぎやかな湾に背負われた船』で第十五回三島由紀夫賞、二〇一五年、『九年前の祈り』で第百五十二回芥川賞受賞。著書に『水死人の帰還』『獅子渡り鼻』など。

Ⅲ

沢野ひとし（さわの・ひとし）
一九四四年生まれ。イラストレーター、エッセイスト。児童書出版社勤務の後、独立。「本の雑誌」をはじめ、数多くの雑誌等でイラストを手がける。著書に『北京食堂の夕暮れ』『人生のことはすべて山に学んだ』『中国銀河鉄道の旅』など多数。

今江祥智（いまえ・よしとも）
一九三二年生まれ。作家。数多くの児童文学作品を発表。著書に『海の日曜日』『ぼんぼん』『でんでんだいこいのち』『優しさごっこ』『桜桃のみのるころ』など多数。二〇一五年、逝去。

野坂昭如（のさか・あきゆき）
一九三〇年生まれ。作家。放送作家、作詞家として活動後、一九六七年、『火垂るの墓』『アメリカひじき』で第五十八回直木賞受賞。著書に『エロ事師たち』『骨餓身峠死人葛』など多数。二〇一五年、逝去。

久世光彦（くぜ・てるひこ）
一九三五年生まれ。作家、演出家。TVドラマの演出家として活躍するかたわら、小説、エッセイを発表する。著書に『一九三四

年冬　乱歩』『聖なる春』『昭和幻燈館』など多数。二〇〇六年、逝去。

高井有一（たかい・ゆういち）
一九三二年生まれ。作家。共同通信社に勤務するかたわら、小説を執筆。一九六六年、『北の河』で第五十四回芥川賞を受賞した。著書に『この国の空』『夜の蟻』『立原正秋』など。二〇一六年、逝去。

加藤典洋（かとう・のりひろ）
一九四八年生まれ。文芸評論家。一九八五年、『アメリカの影』でデビュー。以降、旺盛な執筆活動を展開した。著書に『日本風景論』『言語表現法講義』『敗戦後論』『戦後的思考』など多数。二〇一九年、逝去。

リービ英雄（りーび・ひでお）
一九五〇年生まれ。作家、文学研究者。万葉集の研究者として来日し、一九八九年より日本に定住。九二年、日本語で小説を発表し始める。著書に『星条旗の聞こえない部屋』『千々にくだけて』『模範郷』など。

松浦弥太郎（まつうら・やたろう）
一九六五年生まれ。文筆家。書籍商のかたわら、文筆家として活躍。二〇〇六～二〇一五年の間、『暮しの手帖』編集長をつとめた。著書に『最低で最高の本屋』『日々の100』『センス入門』など多数。

津野海太郎（つの・かいたろう）
一九三八年生まれ。編集者、演出家、評論家。編集業と並行して劇団「黒テント」の演出家としても活躍。著書に『小さなメディアの必要』『読書と日本人』『最後の読書』など多数。

巖谷國士（いわや・くにお）
一九四三年生まれ。仏文学者、評論家。六〇年代よりシュルレアリスムの研究・実践のほか、美術批評や紀行など多分野で活躍。著書に『シュルレアリスムとは何か』『旅と芸術』『澁澤龍彦論コレクション』全五巻など多数。

青山南（あおやま・みなみ）
一九四九年生まれ。翻訳家、エッセイスト。ジャック・ケルアックやフィリップ・ロスなどの翻訳のほか、アメリカ文学と文化をめぐるエッセイでも知られる。著書に『短編小説のアメリカ52講』『南の話』など多数。

磯﨑憲一郎（いそざき・けんいちろう）
一九六五年生まれ。作家。東京工業大学教授。二〇〇九年、『終の住処』で第百四十一回芥川賞受賞。著書に『肝心の子供』『世紀の発見』『鳥獣戯画』など。

伊集院静（いじゅういん・しずか）
一九五〇年生まれ。作家。一九九二年、『受け月』で第百七回直木賞受賞。著書に『乳房』『瑠璃を見たひと』『機関車先生』『いねむり先生』『ノボさん』など多数。

鴻巣友季子（こうのす・ゆきこ）
一九六三年生まれ。翻訳家、エッセイスト。トマス・H・クックやエミリー・ブロンテなど英米文学の翻訳を手がけるほか、エッセイストとしても活躍。著書に『翻訳のココロ』『孕むことば』など。

川上弘美（かわかみ・ひろみ）
一九五八年生まれ。作家。一九九六年、『蛇を踏む』で第百十五回芥川賞受賞。著書に『神様』『溺レる』『センセイの鞄』『真鶴』『水声』『大きな鳥にさらわれないよう』など多数。

横尾忠則（よこお・ただのり）
一九三六年生まれ。美術家。グラフィックデザイナー、画家として活発な活動を続けるかたわら、文筆の分野でも活躍。著書に『インドへ』『ぶるうらんど』『言葉を離れる』など多数。

福間健二（ふくま・けんじ）
一九四九年生まれ。詩人、映画監督。著書に『青い家』『会いたい人』『佐藤泰志　そこに彼はいた』、監督作品に『秋の理由』『パラダイス・ロスト』など。

森村誠一（もりむら・せいいち）
一九三三年生まれ。作家。一九六九年、『高層の死角』で第十五回江戸川乱歩賞受賞。著書に『腐食の構造』『人間の証明』『野性の証明』『悪魔の飽食』『悪道』『忠臣蔵』など多数。

森絵都（もり・えと）
一九六八年生まれ。作家。一九九〇年、『リズム』でデビュー。二〇〇六年、『風に舞いあがるビニールシート』で第百三十五回直木賞受賞。著書に『カラフル』『みかづき』『カザアナ』など。

長部日出雄（おさべ・ひでお）
一九三四年生まれ。作家。一九七三年、『津軽世去れ節』『津軽じょんから節』で第六十九回直木賞受賞。著書に『見知らぬ戦場』『桜桃とキリスト　もう一つの太宰治伝』など多数。二〇一八年、逝去。

梯久美子（かけはし・くみこ）
一九六一年生まれ。ノンフィクション作家。『散るぞ悲しき　硫黄島総指揮官・栗林忠道』で大宅壮一ノンフィクション賞、『狂うひと　「死の棘」の妻・島尾ミホ』で芸術選奨文部科学大臣賞、読売文学賞、講談社ノンフィクション賞。

大崎善生（おおさき・よしお）
一九五七年生まれ。作家。将棋雑誌の編集者を経て、二〇〇〇年、『聖の青春』でデビュー。著書に『将棋の子』『パイロットフィッシュ』『九月の四分の一』『赦す人』など。

阿川佐和子（あがわ・さわこ）
一九五三年生まれ。作家、エッセイスト。一九九九年、『ウメ子』で第十五回坪田譲治文学賞受賞。著書に『婚約のあとで』『正義のセ』『阿川佐和子のこの人に会いたい』『聞く力』など多数。

大竹昭子（おおたけ・あきこ）
一九五〇年生まれ。作家。ノンフィクション、小説、評論など多彩な分野で執筆活動を行う。著書に『彼らが写真を手にした切実さを』『図鑑少年』『須賀敦子の旅路』『間取りと妄想』など。

＊

大村彦次郎（おおむら・ひこじろう）
一九三三年生まれ。編集者、評論家。文芸誌編集を経て、文筆家となる。一九九九年、『文壇栄華物語』で第十八回新田次郎文学賞受賞。著書に『文壇うたかた物語』『文士のいる風景』など。
二〇一九年、逝去。

阿刀田高（あとうだ・たかし）
一九三五年生まれ。作家。一九七九年、『ナポレオン狂』で第八十一回直木賞受賞。著書に『冷蔵庫より愛をこめて』『だれかに似た人』『新トロイア物語』など多数。

Ⅳ

椎名誠（しいな・まこと）
一九四四年生まれ。作家。一九七九年、『さらば国分寺書店のオババ』でデビュー。著書に『哀愁の街に霧が降るのだ』『新橋烏森口青春篇』『岳物語』『アド・バード』『中国の鳥人』など多数。

安西水丸（あんざい・みずまる）
一九四二年生まれ。イラストレーター、作家。イラストレーターとして活動するかたわら、絵本、小説、エッセイを数多く手がける。著書に『アマリリス』『ちいさな城下町』など。二〇一四年、逝去。

あさのあつこ
一九五四年生まれ。作家。一九九七年、『バッテリー』で第三十五回野間児童文芸賞受賞。著書に『THE MANZAI』『NO.6』『ガールズ・ブルー』『弥勒の月』など多数。

有栖川有栖（ありすがわ・ありす）
一九五九年生まれ。作家。一九八九年、『月光ゲーム　Yの悲劇'88』でデビュー。二〇〇三年、『マレー鉄道の謎』で第五十六回日本推理作家協会賞受賞。著書に『スイス時計の謎』『女王国の城』など多数。

都築響一（つづき・きょういち）
一九五六年生まれ。編集者、ジャーナリスト。現代美術、秘宝館、スナック、詩など様々な切り口で現代日本を記録する著作を発表。著書に『TOKYO STYLE』『夜露死苦現代詩』など多数。二〇一二年より個人で有料メールマガジン『ROADSIDERS' weekly』を毎週水曜日に配信中（roadsiders.com）。

松岡正剛（まつおか・せいごう）
一九四四年生まれ。編集工学者。七〇年代に雑誌『遊』を創刊、以降、旺盛な執筆活動を展開。著書に『知の編集工学』『日本流』『擬』「千夜千冊エディション」シリーズなど著書多数。

松家仁之（まついえ・まさし）
一九五八年生まれ。小説家。出版社で編集者として働いた後、二〇一二年、『火山のふもとで』を発表、翌年同作で第六十四回読売文学賞受賞。著書に『沈むフランシス』『光の犬』など。

和合亮一（わごう・りょういち）
詩人。国語教師。中原中也賞、晩翠賞など受賞。震災直後にTwitterにて福島の現状を詩の言葉で伝えた。それをまとめた詩集「詩の礫」が日本のみならず、フランスでも翻訳・出版され、一昨年の夏にはフランスから詩集賞を受賞。日本文壇史上初となる。最新刊の詩集「ＱＱＱ」にて萩原朔太郎賞を受賞。

齋藤孝（さいとう・たかし）
一九六〇年生まれ。教育学者。明治大学教授。二〇〇一年、『声に出して読みたい日本語』で第五十六回毎日出版文化賞受賞。著書に『身体感覚を取り戻す』『読書力』など。

中島岳志（なかじま・たけし）
一九七五年生まれ。政治学者。二〇〇五年、『中村屋のボース』で第五回大佛次郎論壇賞、第十七回アジア・太平洋賞受賞。著書に『「リベラル保守」宣言』『血盟団事件』など。

西村賢太（にしむら・けんた）
一九六七年生まれ。作家。二〇〇七年、『暗渠の宿』で第二十九回野間文芸新人賞受賞。二〇一一年、『苦役列車』で第百四十四回芥川賞受賞。著書に『芝公園六角堂跡』『藤澤清造追影』など。

山田太一（やまだ・たいち）
一九三四年生まれ。脚本家、作家。脚本家として『ふぞろいの林檎たち』などのTVドラマを世に送り出すかたわら、小説も数多く手がける。著書に『異人たちとの夏』『空也上人がいた』など。

東浩紀（あずま・ひろき）
一九七一年生まれ。批評家、作家。ゲンロン前代表。著書に『存在論的、郵便的』（サントリー学芸賞）『動物化するポストモダン』『クォンタム・ファミリーズ』（三島由紀夫賞）『観光客の哲学』（毎日出版文化賞）など。

中沢けい（なかざわ・けい）
一九五九年生まれ。作家。法政大学教授。一九七八年、『海を感じる時』でデビュー。一九八五年、『水平線上にて』で第七回野間文芸新人賞受賞。著書に『女ともだち』『楽隊のうさぎ』など。

樋口毅宏（ひぐち・たけひろ）
一九七一年生まれ。作家。雑誌編集者を経て、二〇〇九年、『さらば雑司ケ谷』でデビュー。著書に『日本のセックス』『民宿雪国』『タモリ論』など。

菊地成孔（きくち・なるよし）
一九六三年生まれ。ミュージシャン、文筆家。音楽活動のかたわら、二〇〇三年、『スペインの宇宙食』を刊行。以降、旺盛な執筆活動を展開する。著書に『歌舞伎町のミッドナイト・フットボール』など多数。

青柳いづみこ（あおやぎ・いづみこ）
一九五〇年生まれ。ピアニスト・文筆家。音楽家としての活動のほか、音楽にまつわる著書を数多く刊行している。著書に『翼のはえた指』『六本指のゴルトベルク』など。

酒井順子（さかい・じゅんこ）
一九六六年生まれ。エッセイスト。二〇〇三年、『負け犬の遠吠え』で第二十回講談社エッセイ賞、翌年に第四回婦人公論文芸賞受賞。著書に『オリーブの罠』『男尊女子』など多数。

原田マハ（はらだ・まは）
一九六二年生まれ。作家。二〇一二年、『楽園のカンヴァス』で第二十五回山本周五郎賞受賞。著書に『キネマの神様』『ジヴェルニーの食卓』『暗幕のゲルニカ』『リーチ先生』など多数。

町田康（まちだ・こう）
一九六二年生まれ。作家。一九九六年、『くっすん大黒』でデビュー。二〇〇〇年、『きれぎれ』で第百二十三回芥川賞受賞。著書に『夫婦茶碗』『告白』『浄土』『猫にかまけて』など。

杉作J太郎（すぎさく・じぇいたろう）
一九六一年生まれ。漫画家、ライター、映画監督。一九八〇年代、漫画誌「ガロ」などで活動。東映ヤクザ映画に造詣が深く、その方面も著作も多い。著書に『仁義なき戦い浪漫アルバム』など多数。

高橋順子（たかはし・じゅんこ）
一九四四年生まれ。詩人。一九九六年、『時の雨』で第四十八回読売文学賞、二〇一八年、『夫・車谷長吉』で第三十四回講談社エッセイ賞受賞。著書に『一茶の連句』『海へ』など。

夢枕獏（ゆめまくら・ばく）

一九五一年生まれ。作家。一九八九年、『上弦の月を喰べる獅子』で第十回日本SF大賞など、一九九八年、『神々の山嶺』で第十一回柴田錬三郎賞を受賞。著書に『陰陽師』『大江戸釣客伝』など多数。

サンキュータツオ

一九七六年生まれ。芸人、日本語学者。芸人としての活動のほか、複数の大学で非常勤講師をつとめる。著書に『学校では教えてくれない！国語辞典の遊び方』『ヘンな論文』など。

みうらじゅん

一九五八年生まれ。イラストレーター、作家などとして多方面で活躍。二〇一八年仏教伝道文化賞沼田奨励賞受賞。『マイ仏教』『「ない仕事」の作り方』『人生エロエロ』ほか著書多数。

蜂飼耳（はちかい・みみ）

一九七四年生まれ。詩人、作家。二〇〇〇年、『いまにもうるおっていく陣地』で第五回中原中也賞受賞。著書に『食うものは食われる夜』『顔をあらう水』『紅水晶』『空席日誌』など。

*

丸谷才一（まるや・さいいち）

一九二五年生まれ。作家。一九六八年、『年の残り』で第五十九回芥川賞受賞。小説のみならず、エッセイ、評論、翻訳など幅広い分野で活躍した。著書に『たった一人の反乱』『忠臣蔵とは何か』『輝く日の宮』など多数。二〇一二年、逝去。

三谷幸喜（みたに・こうき）

一九六一年生まれ。脚本家。長年にわたり、舞台、TVドラマ、映画などで多彩な活動を展開。和田誠との対談集に『それはまた別の話』『これもまた別の話』がある。

初出　「毎日新聞」２００１年６月〜２０１６年６月。
紹介した書籍の情報は２０２０年１月現在のものです。（編集部）

わたしのベスト3　作家《さっか》が選《えら》ぶ名著名作《めいちょめいさく》

印刷　2020年2月15日
発行　2020年2月29日

編者　毎日新聞出版《まいにちしんぶんしゅっぱん》
画　和田誠《わだまこと》
発行人　黒川昭良
発行所　毎日新聞出版
〒102-0074
東京都千代田区九段南1-6-17 千代田会館5階
営業本部　03-6265-6941
図書第一編集部　03-6265-6745

印刷・製本　図書印刷

ISBN 978-4-620-32624-5